C·H·Beck
PAPERBACK

Michael Lüders

Die den Sturm ernten

**Wie der Westen
Syrien ins Chaos stürzte**

C.H.Beck

Mit einer Karte (Peter Palm, Berlin)

Originalausgabe
© Verlag C.H.Beck, München 2017
Satz: Fotosatz Amann, Memmingen
Druck und Bindung: Druckerei C.H.Beck, Nördlingen
Umschlaggestaltung: Geviert, Grafik & Typografie, Christian Otto
Umschlagabbildung: Französische Rafale-Kampfflugzeuge bei
einem Luftangriff gegen Stellungen des «Islamischen Staats» bei
Raqqa, Syrien, im November 2015 © picture-alliance
Printed in Germany
ISBN 978 3 406 70780 3

www.chbeck.de

Inhalt

Vorwort 9

Die CIA lernt laufen in der Wüste: Die Putschversuche (nicht allein) in Syrien seit 1949 15

Vorsicht, fette Katzen: Araber und Syrer suchen die Freiheit und finden sie nicht 41

Kein richtiges Leben im falschen: Baschar al-Assad setzt auf Gewalt 55

«Oh mein Gott!»: Was eine Pipeline, Ghaddafis Waffen und Hillary Clinton mit Assad zu tun haben 67

Unter Räubern: Die Amerikaner glauben an «gute» Dschihadisten 93

Chemiewaffen in Syrien: Wäre Washington beinahe Aufständischen auf den Leim gegangen? 113

Der Konflikt weitet sich aus: Die Assad-Gegner verlieren die Kontrolle – vor allem in der Türkei 127

Der Kampf um Aleppo: Das Regime festigt seine Macht 151

Was tun? Ein Ausblick 163

Anmerkungen 171

Karte 176

«Wenn ein Politiker anfängt, über ‹Werte› zu schwadronieren, anstatt seine Interessen zu benennen, wird es höchste Zeit, den Raum zu verlassen.»

Egon Bahr (1922–2015), deutscher Sozialdemokrat mit Rückgrat

«Amerika hat keine dauerhaften Freunde oder Feinde, nur Interessen.»

Henry Kissinger

«Müh dich um Tugend, wenn du keine hast.»

Hamlet

Meinem Vater gewidmet

und meinem Freund

Lars Peter Schmidt (1967-2017)

Vorwort

Kriege werden erzählt, nicht anders als Geschichten. Die jeweiligen Erzählungen bestimmen das Bild in unseren Köpfen, unsere Sicht auf Konflikte. Wir wissen, oder wir glauben zu wissen, wer schuldig ist und wer nicht, wer die Guten sind und wer die Bösen. Im Falle Syriens ist die vorherrschende Sichtweise in etwa diese: Das verbrecherische Assad-Regime führt Krieg gegen das eigene Volk, unterstützt von den nicht minder skrupellosen Machthabern in Moskau und Teheran. Die syrische Opposition, gerne als «gemäßigt» bezeichnet oder als «das» syrische Volk schlechthin wahrgenommen, befindet sich in einem verzweifelten Freiheitskampf, dem sich der Westen nicht verschließen kann. Andernfalls stünde seine Glaubwürdigkeit auf dem Spiel, würde er seine «Werte» aufgeben, ja verraten. Längst hätten wenigstens die USA militärisch intervenieren sollen, im Namen der Freiheit!

Leider greift diese Rahmenerzählung, das Narrativ hiesiger Politik wie auch der Medien, viel zu kurz. Die Verbrechen Assads sind offenkundig, doch ersetzt die moralische Anklage nicht die politische Analyse. Die Berichterstattung über Syrien erschöpft sich vielfach in der Darstellung menschlichen Leids als Ergebnis der Kriegsführung Assads und seines russischen Verbündeten. Deren Verantwortung für Tod und Zerstörung ist aber nur ein Teil der Geschichte. Die übrigen, die fehlenden Teile werden meist gar nicht erst erzählt.

Zum Beispiel Omran. Das Foto des kleinen Jungen wurde im August 2016 zur Ikone der Schlacht um Aleppo,

Vorwort

genauer gesagt der Angriffe von Regierungstruppen auf Stellungen der «Opposition» im Ostteil der Stadt. Es zeigt das staubbedeckte, apathische Kind, auf einem Stuhl sitzend, das Gesicht blutverschmiert. Ein furchtbares Schicksal, jeder möchte Omran in den Arm nehmen und trösten. Kaum eine Zeitung, die das Bild nicht veröffentlicht hat.

Das ist der eine Teil der Geschichte, dessen emotionale Wucht kaum zu überbieten ist. Der andere Teil wird selten beleuchtet, wenn überhaupt. Der Fotograf heißt Mahmud Raslan. Er hatte kurz vor seiner Aufnahme Omrans ein Selfie gepostet, das ihn grinsend mit Angehörigen der Dschihadistenmiliz «Harakat Nur ad-Din as-Sanki» zeigte. Darunter die beiden Männer, die zweifelsfrei vier Wochen zuvor den zwölfjährigen Abdallah Isa für ein Propagandavideo geköpft hatten.[1] Raslan arbeitete für das «Aleppo Media Center», das westlichen Medien in den monatelang andauernden Kämpfen um Aleppo als wichtige Informationsquelle diente. Offiziell handelt es sich dabei um ein «unabhängiges Netzwerk» von «Bürgerjournalisten», mit einer allerdings klar regimefeindlichen Haltung, gut vernetzt mit Dschihadisten. Finanziert wird es maßgeblich vom französischen Außenministerium, auch aus Washington, London und Brüssel erhält das «Center» Geld.[2]

Dass die militärisch relevanten Gegner Assads fast ausschließlich aus Dschihadisten bestehen, ist zumindest in politischen Kreisen durchaus bekannt, stellt aber offenbar kein Problem dar. Es hat auch keine Auswirkungen auf die westliche Rahmenerzählung der Ereignisse in Syrien. Die Unterteilung der Akteure in «gut» und «böse» bleibt erhalten, ebenso die hiesige Selbstwahrnehmung, in diesem Konflikt auf der «richtigen» Seite zu stehen, der des syrischen Volkes. Die naheliegende Frage, ob demzufolge gewaltbereite Islamisten als «Volksvertreter» anzusehen sind, stellt sich offenbar nicht. Bei aller Empathie für das Leid der

Vorwort

Menschen in Syrien – der Krieg reicht weit über Assad hinaus. Und genau hier setzt das vorliegende Buch an. Es erzählt die fehlenden Teile der Geschichte, die in der Politik und den Medien keine oder nur eine geringe Rolle spielen.

In Syrien geht es nicht um «Werte», sondern um Interessen. Geopolitik ist dabei das Schlüsselwort. Sie erklärt, warum aus dem Aufstand eines Teils der syrischen Bevölkerung gegen das Assad-Regime in kürzester Zeit ein Stellvertreterkrieg werden konnte. Auf syrischem Boden kämpfen die USA und Russland, aber auch der Iran und Saudi-Arabien und nicht zuletzt die Türkei um Macht und Einfluss. Die Hauptakteure allerdings sind seit 2012 Washington und Moskau.

Ohne die massive Einmischung von außen hätte dieser Krieg niemals die größte Fluchtbewegung seit dem Zweiten Weltkrieg und der Teilung des indischen Subkontinents ausgelöst. Mindestens zehn Millionen Syrer sind auf der Flucht, rund eine Million haben in Europa Aufnahme gefunden, die meisten davon in Deutschland. Obwohl die Flüchtlingszahlen in der Türkei und den arabischen Nachbarländern Syriens deutlich höher liegen, haben sie doch den hiesigen Rechtspopulismus erheblich gestärkt und die gesellschaftliche Polarisierung vorangetrieben.

Zum ersten Mal finden sich die Europäer, allen voran die Deutschen, inmitten eines Sturms wieder, für den sie mitverantwortlich sind – weil sich ihre Politiker die Sicht Washingtons zu eigen gemacht haben: Assad muss weg. Über die Folgen mochte niemand konsequent nachdenken. Dieser Opportunismus fällt uns allen nunmehr auf die Füße. In Syrien haben die USA ihre Politik des *regime change* fortgesetzt, die in den letzten Jahren auch im Irak, in Libyen und, verdeckt, im Jemen betrieben wurde und wird. Nicht zu vergessen Afghanistan, wo nach den Attentaten vom

Vorwort

11. September 2001 der «Startschuss» fiel. Das nachfolgende Chaos blieb allerdings weitgehend auf die Region selbst beschränkt. Das hat sich mit Syrien unwiderruflich geändert.

Obwohl diese Politik Washingtons eine Katastrophe nach der anderen hervorruft, namentlich Staatszerfall, das Erstarken von dschihadistischen Milizen wie dem «Islamischen Staat» und die Odyssee von Millionen Syrern, Irakern, Afghanen, hält sich die Kritik in Brüssel oder Berlin in engen Grenzen. Überspitzt gesagt kehren die Europäer mit der Flüchtlingskrise die Scherben einer verfehlten US-Interventionspolitik auf, bezahlen sie gutwillig den Preis für die Machtansprüche anderer. Anstatt selbstbewusst eigene Positionen zu vertreten, ziehen es hiesige Entscheidungsträger viel zu oft vor, amerikanischen Vorstellungen zu folgen. Das «Nein» der Bundesregierung zum US-geführten Einmarsch in den Irak 2003 ist und bleibt eine große Ausnahme. Lieber bemühen die politisch Verantwortlichen diesseits wie jenseits des Atlantiks das harmonische Bild einer «westlichen Wertegemeinschaft», die weltweit für Freiheit, Demokratie und Menschenrechte eintrete. Inwieweit solche Verständnisinnigkeit unter US-Präsident Donald Trump erhalten bleibt oder nicht, wird sich zeigen.

Auf den ersten Blick mag es erstaunen: Wer sich mit Syrien befasst, muss sich auch mit der CIA beschäftigen. *Regime change* ist das moderne Gesicht des klassischen Staatsstreiches. Auf dem Gebiet macht den USA niemand etwas vor. Insbesondere in Lateinamerika, Afrika, West- und Ostasien, aber auch in Europa – also weltweit – haben sie seit dem Ende des Zweiten Weltkrieges mit Hilfe direkter und indirekter Interventionen (militärischen, paramilitärischen, Attentaten, Putschen oder Putschversuchen, Propaganda) stets dafür Sorge getragen, dass ihnen unliebsame Politiker und Regime unter Druck geraten und beseitigt werden. Eine wesentliche Rolle kommt dabei den Geheimdiensten zu, vor allem der CIA. Die Central Intelligence Agency wurde 1947 mit zwei Mandaten gegründet. Zum einen, Informationen zu sammeln, sprich: zu spionieren, was in der Natur der Sache liegt. Zum anderen aber auch, und das ist kaum bekannt, um verdeckte Operationen zum Sturz von Regierungen durchzuführen, die amerikanischen Interessen zuwiderhandeln.

Den wenigsten ist bewusst, dass solche Interventionen Millionen Menschen das Leben gekostet haben und noch immer kosten. Opferzahlen dieser Größenordnung werden gemeinhin der Herrschaft von Stalin oder Mao zugeschrieben, den großen Antipoden einer wie auch immer verstandenen «westlichen Werteordnung». An fehlendem Wissen kann es eigentlich nicht liegen, denn die Exzesse amerikanischer Machtpolitik sind hinlänglich dokumentiert.[3] Wer etwa die endemische Bandengewalt im heutigen Zentralamerika, den Putsch gegen Chiles Präsidenten Allende 1973, den Aufstieg Pol Pots in Kambodscha in den 1970er Jahren, den Staatszerfall im Kongo oder die iranische Revolution verstehen will, landet unweigerlich in Washington oder Langley in Virginia, dem Sitz der CIA.

Syrien reiht sich ein in diese Chronik – seit dem Ende des Zweiten Weltkrieges, als die USA die vormaligen Kolonialmächte Großbritannien und Frankreich als entscheidender Machtfaktor im Nahen und Mittleren Osten abzulösen begannen. Was heute dort geschieht, hat eine lange Vorgeschichte. Nur wer sie kennt, versteht die Gegenwart. Zwei inhaltliche Stränge gilt es dabei zu verfolgen: das Schattenspiel amerikanischer Politik und Geheimdienste und natürlich das Wirken der Handlungsträger vor Ort, vielfach windiger arabischer Potentaten, deren Unfähigkeit und Skrupellosigkeit ihren ausländischen Förderern – oder Widersachern – in nichts nachsteht.

Fangen wir also vorne an.

Die CIA lernt laufen in der Wüste:
Die Putschversuche (nicht allein) in Syrien seit 1949

Die ersten US-Amerikaner, die sich für den Nahen Osten interessierten, waren protestantische Missionare. Seit dem frühen 19. Jahrhundert reisten sie von Neuengland aus ins «Heilige Land», um dort «Mohammedaner» zum Christentum zu bekehren. Mit wenig bis gar keinem Erfolg, doch betrieben diese Evangelisten zahlreiche Schulen und Bildungseinrichtungen. So auch das «Syrische Protestanten-Kolleg» in Beirut. Sein Begründer war 1866 Daniel Bliss, ein archetypischer Fürchtegott mit Rauschebart und schwarzem Anzug als zweiter Haut, fast eine Romangestalt. Aus diesem Kolleg wurde später die «Amerikanische Universität Beirut», deren Haupteingang an der Bliss-Straße im trendigen Viertel Ras Beirut liegt. Ihr Ableger ist die «Amerikanische Universität Kairo», die beide bis heute führende Bildungsstätten sind. Unter den Arabern waren diese Amerikaner meist gut gelitten. Anders als Briten und Franzosen verfolgten sie keine kolonialen Interessen. Im Gegensatz zu den Kolonialbeamten entwickelten einige Missionare Respekt und Sympathie für arabische und islamische Kulturen. Bliss führte sogar Arabisch als Unterrichtssprache ein, mithin die Sprache der Kameltreiber, was Franzosen und Briten mit Kopfschütteln quittiert haben dürften.

Ironischerweise wurden beide Universitäten zu Geburtsstätten und, in den 1950er und 1960er Jahren, zu Hochburgen des arabischen Nationalismus, eines entschiedenen Widersachers amerikanischer Hegemonie. Bis nach dem

Die CIA lernt laufen in der Wüste

Ende des Ersten Weltkrieges waren die USA für die meisten Araber ein Hort der Verheißung geblieben. Woodrow Wilsons 14-Punkte-Programm, in dem der US-Präsident 1918 eine neue internationale Friedensordnung umriss, stieß auf große Zustimmung. Sie verstanden es als Versprechen arabischer Selbstbestimmung, das Wilson aber nicht gegeben hatte. Wohl hatte er sich gegen das Osmanische Reich ausgesprochen, aber keineswegs gegen die europäischen Kolonialmächte. Ernüchterung war die Folge. Wirtschaftlich und politisch wurde der Nahe Osten für die USA erst relevant, als dort, nach 1915, die ersten großen Erdölvorkommen außerhalb Irans entdeckt wurden, vor allem in den heutigen Golfstaaten und im Irak. Geheimdienstlich betätigten sich die Amerikaner im arabischen Raum erstmals im Zweiten Weltkrieg.

Die ersten Spione dort hatten entweder biographische Wurzeln in der Region, fühlten sich vom Orient angezogen oder suchten das Abenteuer. Als ihr maßgeblicher Pionier wird William A. Eddy (1896–1962) angesehen, Sohn einer presbyterianischen Missionarsfamilie, der im Libanon aufgewachsen war und fließend Arabisch sprach. Er hatte in den 1930er Jahren wesentlichen Anteil an den Verhandlungen amerikanischer Ölfirmen mit dem saudischen Königshaus, die das bis heute gültige «Geschäftsmodell» begründeten: US-Gesellschaften erhalten exklusive Verträge, im Gegenzug garantieren die USA die Sicherheit Saudi-Arabiens. Im Februar 1945 diente Eddy beim Treffen zwischen Präsident Roosevelt und dem saudischen König Abdulasis Ibn Saud an Bord eines Kriegsschiffes im Großen Bittersee bei Kairo als Übersetzer. Jene frühen «informellen» US-Agenten im Nahen Osten verkehrten wie selbstverständlich in den akademischen und politischen Kreisen der amerikanischen Ostküste, wo ihre Meinung gefragt war. Für heutige Verhältnisse gewiss ungewöhnlich dienten sie vielfach als Kulturvermittler, gleichzeitig galten sie als mutige Wegbereiter und Pioniere. Unter den politischen Eliten Washingtons gab es nicht wenige, die dem Orient romantisch huldigten.

Der protestantisch geprägte (und zeitweise von der CIA mitfinanzierte) Interessensverband «The American Friends of the Middle East» verfügte im Außenministerium über großen Einfluss. Dort waren sie als «Arabisten» bekannt. Sie waren entschiedene Gegner des Zionismus, sahen die zu erwartenden Spannungen zwischen Israel und den Arabern voraus und wendeten sich gegen eine zu einseitige Ausrichtung amerikanischer Politik zugunsten des jüdischen Staates. Präsident Truman war ihnen anfangs zugetan, änderte aber seine Haltung im Wahljahr 1948: «Ich muss auf Hunderttausende Rücksicht nehmen, die den Erfolg des Zionismus wünschen. Unter meinen Wählern befinden sich nicht hunderttausende arabische Wähler.»[4] Bereits wenige Minuten nach seiner Proklamation am 15. Mai 1948 erkannten die USA den Staat Israel an. Bis Mitte der 1950er Jahre verloren die «Arabisten» ihren Einfluss sukzessive an die entstehende Israel-Lobby, stets begleitet von Antisemitismus-Vorwürfen.

Die bei weitem wichtigsten US-Spione jener Zeit im Nahen Osten, die gleichzeitig in Washington auf höchster Ebene Gehör fanden, waren Kermit «Kim» Roosevelt (1916–2000) und, politisch weniger gut vernetzt und in der Hierarchie stets unter ihm, dessen Cousin Archibald B. Roosevelt (1918–1990). Beide waren Enkel von Präsident Theodore Roosevelt. Archibald hasste den Kommunismus und sah im Nahen Osten eine wichtige Frontlinie im verdeckt geführten Kampf gegen die Sowjetunion. Kermit dagegen, ein wichtiger Vertreter der «Arabisten», war ein romantisierender Orient-Liebhaber. Das hinderte den Harvard-Absolventen allerdings nicht daran, verheerende Entwicklungen in der Region einzuleiten, die bis heute fortwirken. Er war der Mastermind des von britischen und US-Agenten gemeinsam inszenierten Putsches gegen den demokratisch gewählten iranischen Premierminister Mossadegh 1953, der zwei Jahre zuvor die iranische Erdölindustrie verstaatlicht hatte.[5] Der Staatsstreich verhalf dem Schah an die Macht, dessen im Volk verhasste, von den USA und Israel maßgeblich unterstütze Diktatur 1979 von der Islamischen Revolution hinweggefegt wurde – die zeitversetzte, radikale Antwort auf den Putsch von 1953. Dieser und der ein Jahr später, 1954, in Guatemala durchgeführte Coup gegen einen gleichfalls demokratisch gewählten Präsidenten lieferten der CIA die logistischen und organisatorischen Blaupausen für zahlreiche weitere Putsche weltweit. Auf die Intervention in Guatemala folgte ein 40 Jahre währender Bürgerkrieg mit 200 000 Toten.[6] Die Konfrontation mit dem Iran setzt sich bis heute fort, nicht zuletzt in Syrien. Auch hier geht die Zahl der Toten in die Hunderttausende.

Ein wahres Feuerwerk an Intrigen und Verrat

Nominell gehörten Nordafrika und der Nahe Osten im 19. Jahrhundert zum Osmanischen Reich. In Wirklichkeit kontrollierten Großbritannien und Frankreich weite Teile der Region. Im Rahmen des geheimen Sykes-Picot Abkommens, benannt nach den beiden britischen und französischen Unterhändlern, teilten London und Paris den Nahen Osten 1916 unter sich auf, in Erwartung eines Zusammenbruchs des Osmanischen Reiches. Dabei wurden die heutigen Staatsgrenzen weitgehend festgelegt, überwiegend mit Hilfe des Lineals, ohne Berücksichtigung gegebener ethnischer oder religiöser Verhältnisse und selbstverständlich ohne Rücksprache mit der einheimischen Bevölkerung.

Die CIA lernt laufen in der Wüste

Die Nachkriegs-Konferenz von San Remo besiegelte 1920 diese koloniale Neuordnung. Um jeden Preis sollte ein großarabisches Reich verhindert werden, das zuvor allerdings arabischen Stammesführern in Aussicht gestellt worden war, als Belohnung für ihren Kampf gegen das Osmanische Reich. Teile und herrsche, diesem Ziel diente auch die britische Balfour-Deklaration 1917, die den Juden eine «nationale Heimstätte» in Palästina versprach. Die Franzosen sicherten sich das heutige Syrien und den Libanon, die Briten den Irak, Jordanien und Palästina.

Die neue Ressource Erdöl spielte bei diesen Plänen ebenfalls eine wichtige Rolle. Mit Blick auf ihre Interessen im Iran, wo die Briten seit 1908 Förderstätten unterhielten, erschien London die Kontrolle des Irak unerlässlich. Auch die dort und am Persischen Golf vermuteten oder neu entdeckten Explorationsstätten weckten Begehrlichkeiten. Ursprünglich hatte sich Frankreich die erdölreiche Region um Kirkuk im Norden Iraks gesichert, verzichtete dann aber auf seine Ansprüche zugunsten Großbritanniens und erhielt im Gegenzug einen Löwenanteil der neu entstandenen «Iraq Petroleum Company». Gleichzeitig erklärte London 1919 Kuweit zu einem eigenen Protektorat, das ursprünglich Teil der irakischen Provinz Basra war.

Die Spielregeln gleichen sich, damals wie heute: Die Briten sorgten dafür, dass sich der Clan der Al-Saud im Machtkampf mit den Haschemiten durchsetzte, einer anderen Herrscherdynastie. Damit wurde die Voraussetzung für die Proklamation Saudi-Arabiens 1932 geschaffen, benannt nach den Sauds. Gleichzeitig machte London die aus Mekka und Medina vertriebenen haschemitischen Stammesführer Abdallah in Jordanien und Feisal im Irak zu Königen. 1920 lösten die Franzosen den Libanon aus der Provinz Syrien heraus, um mit Hilfe der christlichen Maroniten, die dort die Bevölkerungsmehrheit stellten (heute sind es die Schiiten), eigene Interessen besser durchsetzen zu können, als deren «Schutzmacht». Das übrige Syrien unterteilten sie in vier Kleinstaaten, teile und herrsche auch hier: den Staat Aleppo, den Staat Damaskus, den Staat der Alawiten und den Staat der Drusen, beide religiöse Minderheiten. 1925 schließlich entstand das heutige Syrien, nachdem Paris erkannt hatte, dass die Kleinstaaten nicht überlebensfähig waren. Ursprünglich war auch die Region Alexandretta im Nordwesten syrisch, die Franzosen hatten sie dem Staat Aleppo zugeschlagen. Eine Autonomiebewegung forderte in den 1930er Jahren die Unabhängigkeit Alexandrettas. Daraufhin trat Paris das Gebiet 1939 an die Türkei ab – rund ein Drittel der Bevölkerung waren damals Türken. Heute heißt die Provinz Hatay, ihr Verwaltungssitz Iskenderun: sprachlich die arabo-türkische Variante von Alexandretta.[7]

Die Folgen dieser kolonialen Willkür reichen bis in die Gegenwart. So warten Kurden wie Palästinenser noch immer auf ihren eigenen Staat. Die bestehende Sozialstruktur erleichterte das Vorgehen der Kolonialherren. Vertikale gesellschaftliche Bande gab es wenige, entsprechend war der Widerstand meist schlecht organisiert. Die große Masse der Bevölkerung bestand aus analphabetischen Kleinbauern und Tagelöhnern, deren Loyalität den jeweiligen Clan- und Stammesführern galt. Die Mittelschicht setzte sich aus Händlern und Handwerkern zusammen, die das Leben in den Basaren prägten. Hinzu kam eine dünne Schicht Akademiker und Intellektueller. Über Wohlstand und Vermögen verfügten nur einige wenige Hundertschaften aus Notabeln und Großgrundbesitzern, die meist über Generationen eng mit der Hohen Pforte in Istanbul verbunden waren und sich auch mit den europäischen Mächten zu arrangieren wussten.

In osmanischer Zeit gehörte ein großer Teil des Nahen

Ostens nordöstlich von Ägypten zum Verwaltungsgebiet Großsyrien. Die neu entstandenen Nationen waren sämtlich künstliche Gebilde ohne eigene Identität, geprägt von feudalen Lebensverhältnissen. Die Wirtschaft lag vielfach brach, da alte Handelsrouten durch die neuen Grenzziehungen unterbrochen wurden, etwa die zwischen Aleppo in Syrien und Mossul im Irak. Die Unzufriedenheit mit den gegebenen Verhältnissen war groß. In Palästina wie auch in Syrien und im Irak kam es in der Zwischenkriegszeit wiederholt zu Aufständen der Bevölkerung, die ohne viel Federlesens blutig niedergeschlagen wurden. Am schwerwiegendsten waren die Unruhen in Palästina, die sich gegen die jüdische Landnahme richteten und als «Große Arabische Revolte» in die Geschichte eingegangen sind (1936–1939).

Das Spiel der Nationen: Eine Pipeline entsteht

Im Zuge der Unabhängigkeit der arabischen Staaten nach dem Zweiten Weltkrieg entstand in den jeweiligen Ländern eine neue Machtelite aus den Reihen des Militärs, des Offizierskorps und der Generalität. So auch in Syrien, das 1946 unabhängig wurde und nunmehr seine Armee aufbaute. Bereits drei Jahre später, 1949, kam es dort zum ersten Staatsstreich in der arabischen Welt überhaupt. Er war gleichzeitig Auftakt einer ganzen Reihe von Putschen und rotierenden Regierungen, bis 1970 Hafis al-Assad die Macht an sich riss.

Nicht nur in Syrien stellte sich die innenpolitische Lage als instabil dar. Das Bürgertum als gesellschaftlich dominante Kraft des westlichen Europa war im Nahen Osten nur schwach ausgeprägt (und ist es bis heute geblieben). Die alte Herrschaftselite der «Effendis», die Großgrundbesitzer und Notabeln, war damit beschäftigt, ihre Privilegien in die neue Zeit zu retten. Teils konnten sie sich mit den Militärs arrangieren, teils wurden sie enteignet oder gingen ins Exil. Die Menschen waren orientierungslos: Wer oder was sollte ihnen Halt geben, eine Identität? Über eine nennenswerte soziale Basis verfügten die Militärs zunächst kaum, so dass deren Machtkämpfe häufig über Umsturzversuche ausgetragen wurden. Gleichzeitig begannen die USA, die Region nach ihren eigenen Vorstellungen zu gestalten. Dabei ging es vor allem um Erdöl, die Sicherheit Israels und den Kalten Krieg mit der Sowjetunion. Direkt und indirekt mischten sie sich in die innenpolitischen Verhältnisse im Nahen und Mittleren Osten ein und entdeckten ihrerseits den Staatsstreich als Mittel zum Zweck.

Seinen Anfang nahm diese Entwicklung in Syrien, wo die CIA ihre ersten Putscherfahrungen sammelte. 1947 hatte die «Arabisch-Amerikanische Ölgesellschaft» ARAMCO mit dem Bau einer transarabischen Erdöl-Pipeline von Saudi-Arabien in die libanesische Hafenstadt Sidon begonnen (TAPLINE). Nach der Staatsgründung Israels im Jahr darauf musste die Pipeline jedoch einen nicht geplanten Umweg über die syrischen Golanhöhen nehmen.

Und damit begann der Showdown. Der demokratisch gewählte Präsident Schukri al-Quwatli und die Mehrheit der Parlamentsabgeordneten weigerten sich, dem Pipeline-Bau auf syrischem Gebiet zuzustimmen. Der Grund waren die gewalttätigen Proteste gegen die USA und Israel, die im November 1948 Damaskus erschüttert hatten. Anders als in Europa und insbesondere in Deutschland, wo aufgrund der besonderen historischen Verantwortung die Politik Israels bis heute selten kritisiert und die Entrechtung der Palästinenser bestenfalls zur Kenntnis genommen wird, galt die Staatswerdung Israels in den Augen der meisten Araber als ein imperiales Projekt mit dem Ziel, die arabische Unabhängigkeit zu vereiteln. Die Vertreibung von rund 800 000 Palästinensern, der Hälfte der Bevölkerung, in Richtung Jordanien, Gazastreifen, Libanon und Syrien empörte die Menschen und untergrub die ohnehin schwachen arabischen Volkswirtschaften.

Da der Pipeline-Bau auf solche Befindlichkeiten keine Rücksicht nehmen konnte, entsandte die CIA zwei Agenten nach Damaskus, die sich Ian Fleming nicht besser hätte ausdenken können. Der eine, Stephen Meade (1913–2004), war eine Figur wie aus einem James-Bond-Film: athletisch, gutaussehend, von grenzenloser Skrupellosigkeit. Der andere, Miles Copeland (1913–1991), war ein Multitalent: Trompeter bei Glenn Miller, Geschäftsmann und eben Agent. Und eine Spielernatur – im wahrsten Sinn. Nach seinem Ausscheiden aus der CIA schrieb er eine autobiografisch gefärbte Darstellung amerikanischer Spionage im Nahen Osten: «Das Spiel der Nationen. Über die Amoralität von Machtpolitik» (The Game of Nations. The Amorality of Power Politics, New York 1970). Und er entwarf ein gleichnamiges Spiel, in dem es keine Sieger oder Besiegten gab, sondern nur Überlebende.

Mindestens sechsmal traf sich Meade im November und Dezember 1948 mit Generalstabschef Husni Zaim, «um die Möglichkeiten einer von der Armee unterstützten Diktatur zu erörtern», wie es in einem freigegebenen CIA-Dokument heißt. Der Kurde Zaim, übergewichtig und aufgedunsen, «ein Diktatorentyp wie aus einer Bananenrepublik», sei «ein Vollidiot, der nicht mal den Verstand eines französischen Korporals hat». Aber: «Er ist ganz klar anti-sowjetisch eingestellt.» Und, besser noch: Er hatte keine Einwände gegen die Pipeline.

Der einzige Amerikaner in Damaskus, der sich gegen den geplanten Putsch aussprach, war der Gesandte und spätere Botschafter Deane Hinton: «Ich möchte zu Protokoll geben, dass dieses die dümmste und verantwortungsloseste Aktion ist, in die unsere diplomatische Vertretung geraten kann. Wenn wir damit einmal anfangen, wird das nie ein Ende finden.»[8] Prophetische Worte.

Der Fat Fucker und die Commies

Inmitten einer schweren Staatskrise und anhaltender Proteste der Bevölkerung ging Zaims Coup unter der Regie von Copeland und Meade, logistisch und finanziell begleitet von der CIA, in der Nacht zum 30. März 1949 nahezu unblutig über die Bühne. Eine Armeeeinheit nahm den Präsidenten gefangen, eine andere den Premierminister, eine dritte übernahm Radio Damaskus, eine vierte das Polizei-Hauptquartier, eine fünfte das der paramilitärischen Gendarmerie, eine sechste schließlich die Telefon-Schaltzentrale. Copeland schreibt in seinem Buch, dass diese präzise Operation zum Vorbild amerikanischer Regimewechsel in anderen Ländern der Dritten Welt wurde: «In den folgenden zwei Jahrzehnten gehörten dieser Putsch und seine Abläufe zum Ausbildungsprogramm von CIA-Agenten.» Der Staatsstreich in Teheran 1953 etwa folgte exakt dem Ablauf, wie er sich in Damaskus bewährt hatte.

Zufrieden meldete Meade seinen Vorgesetzten am 15. April: «400 *Commies* (Kommunisten) in allen Teilen Syriens verhaftet.» Zaim übertraf alle Erwartungen der Amerikaner. Am 28. April erklärte er dem US-Botschafter, er sei bereit zu Friedensverhandlungen mit Israel und zur Aufnahme von 250 000 palästinensischen Flüchtlingen. Am 16. Mai gab er dem TAPLINE-Projekt seine Zustimmung. Zwei Wochen später wurde die kommunistische Partei verboten. Am 14. August allerdings war Husni Zaim tot, erschossen nach 136 Tagen im Amt. Auf Veranlassung des nächsten Putschisten. Die Pipeline aber wurde gebaut und blieb bis 1976 in Betrieb.

Die Folgen des Putsches von 1949 für den weiteren Verlauf der syrischen Geschichte waren schwerwiegend: Die Instabilität verfestigte sich, ebenso die Strukturen autoritärer Herrschaft und das Misstrauen gegenüber den Amerikanern – in weiten Kreisen der Bevölkerung bis heute. Umso mehr, als Washington 1956 und 1957 erneut versuchte, in Syrien Staatsstreiche durchzuführen. War das Image der Amerikaner in der Levante bislang von Missionaren, Ärzten, Professoren geprägt gewesen, standen sie nunmehr im Verdacht, in erster Linie Spione zu sein. Die «Arabisten» der CIA wiederum, und mit ihnen Teile der US-Machtelite, sahen sich lieber als Vertreter eines «liberalen Antiimperialismus». Die arabische Generalität galt ihnen als natürlicher Verbündeter: ein Garant für Stabilität und Modernisierung, für die Umsetzung amerikanischer Interessen. Der Nationale Sicherheitsrat erließ am 14. Juli 1953 eine Direktive, der zufolge die Eisenhower-Administration beabsichtigte, «die nationalistischen und revolutionären Bestrebungen in der Region in geordnete Kanäle zu lenken, die dem Westen gegenüber nicht feindselig eingestellt sind». Den klassischen Kolonialismus britisch-aristokratischer Prägung hielten die Amerikaner für überholt. Tatsächlich aber sollte sich der «Honeymoon» zwischen arabischen Generälen und US-Strategen als kurzlebig erweisen. Zum Tragen kam er vor allem in Ägypten.

Anfang 1952 trafen Kermit Roosevelt und Miles Copeland in Kairo ein. Die Lage war explosiv, wiederholt war es zu Unruhen gekommen. Demonstranten hatten das legendäre Hotel Shepheard und andere Symbole des britischen Kolonialismus gestürmt und niedergebrannt. Die CIA hatte keinen Zweifel, dass die Tage von König Farouk, hausintern FF genannt («Fat Fucker»), gezählt waren. Roosevelt

Die CIA lernt laufen in der Wüste

und Copeland hatten den Auftrag, Kontakt zu den «Freien Offizieren» unter Führung von Gamal Abdel Nasser herzustellen, die im Juli Ägypten für unabhängig erklärten und die Briten wie auch den König hinauskomplimentierten.

Zwischen Roosevelt, Copeland und Nasser entwickelte sich eine erstaunliche Männerfreundschaft, die zunächst von gegenseitiger Sympathie und Respekt getragen war. Mehr noch, die CIA beriet die «Freien Offiziere» bei ihrer Machtübernahme und half ihnen anschließend beim Aufbau des ägyptischen Geheimdienstes.[9] Dafür brauchte es Experten fürs Grobe, und die kamen nicht zuletzt aus Südamerika, aus Argentinien: geflohene Altnazis, die mit Wissen der CIA und des westdeutschen Geheimdienstes (ob auch mit deren Unterstützung, ist umstritten) neue Aufgaben am Nil fanden. Insgesamt waren es mehrere Hundert. 2002 freigegebene CIA-Dokumente belegen, dass der US-Geheimdienst bestens informiert war, wer sich da alles in Kairo herumtrieb. Johannes von Leers zum Beispiel, Verfasser antisemitischer Hetzschriften («Juden sehen dich an», Berlin 1933; «Die Verbrechernatur der Juden», Berlin 1944). Offiziell war er in Ägypten als Übersetzer tätig. «Der Spiegel» widmete ihm im September 1956 eine Titelgeschichte und bescheinigte ihm, in der anti-israelischen Agitation eingesetzt zu werden. Laut eines CIA-Berichts vom 20. Januar 1961[10] war von Leers darüber hinaus in der Gegenspionage tätig: Er machte Jagd auf britische Agenten. Und er beriet die ägyptische Regierung in ihren Beziehungen zu Griechenland und der Türkei.

Die Schönwetterphase in den Beziehungen zwischen den USA und Ägypten endete bereits Mitte der 1950er Jahre. Die Briten, untröstlich über ihren Niedergang als Kolonialmacht, hatten 1955 mit amerikanischer Billigung den Bagdad-Pakt ins Leben gerufen, ein NATO-Imitat unter Führung Londons. Darin vertreten waren die Türkei, der Iran, Irak sowie Pakistan. Nach der Islamischen Revolution im Iran 1979 löste er sich auf. Er richtete sich gegen die Sowjetunion und gegen den erwachenden arabischen Nationalismus. Nasser fasste den Pakt als Bedrohung auf, ebenso die regelmäßigen «Aufklärungsflüge» israelischer Kampfjets über Kairo. Nach einem Angriff israelischer Fallschirmjäger auf eine ägyptische Kaserne bei Gaza (der Gazastreifen stand damals unter ägyptischer Verwaltung) mit 38 Toten beschloss Nasser, Ägypten aufzurüsten. Kermit Roosevelt setzte sich in Washington für amerikanische Waffenlieferungen ein, scheiterte aber an der im Kongress und State Department bereits vorherrschenden, deutlich pro-israelischen Ausrichtung. Der charismatische Nasser, auf bestem Weg zur unbestrittenen Lichtgestalt des arabischen Nationalismus, der größten massenwirksamen Ideologie in der arabischen Welt bis zur vernichtenden Niederlage im Sechstagekrieg 1967 gegen Israel, sah nur einen Ausweg. Er wandte sich an Moskau, aus amerikanischer Sicht geradezu eine Kriegserklärung. Dort half man selbstverständlich gerne. 1955 erhielt Ägypten die ersten Waffenlieferungen, zunächst aus der Tschechoslowakei.

Washington revanchierte sich, indem es die zugesagte Teilfinanzierung für den Bau des Assuan-Staudamms zurückzog. Damit wurden auch die zugesagten Kredite der Weltbank hinfällig. Nasser verstaatlichte daraufhin am 26. Juli 1956, dem vierten Jahrestag der Unabhängigkeit, den Suezkanal – auch, um mit den Einnahmen aus den Transitgebühren den Bau des Staudamms zu finanzieren. Britische und französische Aktionäre gehörten aber zu den Hauptanteilseignern der Suezkanalgesellschaft. Der britische Premierminister Anthony Eden tobte, sah in Nasser einen «zweiten Hitler». Ende Oktober 1956 griffen Großbritannien, Frankreich und Israel gemeinsam Ägypten an, um den verhassten Nasser von der Macht zu fegen. Ihr Fehler war, die USA nicht vorab informiert zu haben. Nachdem die Sowjetunion mit Intervention gedroht hatte, erwirkte Präsident Eisenhower über die Vereinten Nationen einen Waffenstillstand, und Israel musste aus dem eroberten Sinai wieder abziehen. Zeitgleich zum Suezkrieg hatten sowjetische Truppen den Volksaufstand in Ungarn niedergeschlagen – eine potentielle Weltkrise reichte Eisenhower offenbar. Und er machte Briten und Franzosen ein für alle Mal klar, wer das Sagen im Nahen Osten hatte.

Nasser hielt sich nunmehr für unbesiegbar. Eine Haltung, die ihm 1967 politisch das Genick brechen sollte. Mochte er in der arabischen Welt auch als Held gefeiert werden – in Washington und London hatte sich der Daumen über ihn bereits in dem Moment gesenkt, als er sich für Waffenlieferungen aus Moskau entschied. Am 8. März 1956 notierte Sir Charles Arthur Evelyn Shuckburgh, Staatssekretär im britischen Außenministerium und zuständig für den Nahen Osten, in seinem Tagebuch: «Wir und die Amerikaner haben in Sachen Nasser alle Hoffnung fahren lassen. Wir suchen nach Möglichkeiten, ihn zu vernichten.»[11]

«Nasser wenn möglich eliminieren»

Zähneknirschend arrangierten sich die Briten nach dem Zweiten Weltkrieg mit ihrer Rolle als Juniorpartner der USA im Nahen und Mittleren Osten. Die Partnerschaft sollte sich vor allem in zwei Bereichen bewähren: Geheimdienst und Militär. Erstmals geschah das beim gemeinsam durchgeführten Staatsstreich gegen Mossadegh im Iran 1953. Den Fehler, Washington nicht über den Suezkrieg 1956 informiert zu haben, korrigierte London umgehend durch Wohlverhalten – beim nächsten Putschversuch in Syrien nämlich. An dieser engen Kooperation hat sich bis heute grundsätzlich nichts geändert. Als verlässlicher Verbündeter zog London 2003 in den US-geführten Krieg zum Sturz Saddam Husseins. Zuletzt obsiegte der Teamgeist, ergänzt um den Mitspieler Paris, beim Sturz Ghaddafis 2011. Und natürlich in Syrien, beim Versuch, Assad zu beseitigen.

Mitte der 1950er Jahre stellten sich die Verhältnisse in der Region vereinfacht gesagt wie folgt dar. In Jordanien und im Irak waren haschemitische Monarchen an der Macht, die in der Bevölkerung nur über begrenzten Rückhalt verfügten. Wie auch der Familienclan der Al-Saud, die Herrscherdynastie in Saudi-Arabien, sahen sie im Volkstribun Gamal Abdel Nasser ihren größten Widersacher. Dessen Popularität kannte keine Grenzen, seine emotional mitreißenden Reden, die von Freiheit und Gerechtigkeit handelten, verfolgten die Menschen von Marokko bis Oman gebannt an ihren Radio- und Fernsehgeräten. Der arabische Nationalismus, die gefühlte Einheit aller Araber – war er nicht der richtige Weg, um ihnen einen Platz unter den Großen der Welt zu verschaffen, im Konzert der Blockfreien?

Der ägyptische Nasserismus, dessen Programm wesentlich aus Nasser bestand, war die eine große Variante des arabischen Nationalismus. Die andere nannte sich Baathismus, von arabisch «Baath», «Wiedergeburt», und war bzw. ist in Syrien und im Irak beheimatet. 1947 wurde die Baath-Partei in Damaskus gegründet. In Syrien ist sie nominell noch immer an der Macht, seit der Machtergreifung von Vater Assad 1970 vorwiegend als Sammelbecken für Günstlinge und Gefolgsleute des Assad-Clans. Im Irak regierte die Baath-Partei bis zum Sturz Saddam Husseins, als dessen Sprachrohr. Gegründet wurde die überwiegend kleinbürgerlich geprägte Partei von zwei syrischen Intellektuellen, der eine Christ, der andere Muslim. Ursprünglich vertrat sie vage Ideale sozialer Gerechtigkeit in Verbindung mit arabischer Einheit. Die Vermischung von Religion und Politik lehnte sie strikt ab. Das erklärt auch ihren schnellen Aufstieg: Inmitten des religiösen und ethnischen Flickenteppichs regionaler Identitäten in Syrien wie auch im Irak bot sie eine weltanschauliche und politische Plattform, auf die sich alle Gruppen verständigen konnten. Allerdings verfügte der Baathismus über keine charismatischen Politiker, so dass die Führungsrolle Nassers unangefochten blieb.

In den USA galt der arabische Nationalismus nach Nassers Hinwendung zu Moskau etwas grobschlächtig als Einfallstor des Sowjetkommunismus im Nahen Osten. Doch weder Nasserismus noch Baathismus hegten Sympathien für Kommunisten. Abgesehen von einem städtisch-akademischen Umfeld verfügten kommunistische Parteien generell über wenig Zulauf in der arabischen Bevölkerung – auch deswegen, weil die Industrialisierung erst am Anfang stand, die Zahl der «Proletarier» mithin begrenzt war. Die Militärmachthaber hielten linke Parteien generell für lästige Konkurrenten und ließen sie nur unter strengen Auflagen gewähren. Die meiste Zeit blieben sie verboten, wurden ihre Anhänger verfolgt oder umgebracht. Wohlgelitten waren die Kommunisten nur dann, wenn sie vorübergehend als Bündnispartner gebraucht wurden.

Dessen ungeachtet trafen sich mehrfach Vertreter aus dem State Department, dem Pentagon und der CIA im Privathaus von Außenminister John Foster Dulles und verständigten sich am 4. August 1956 auf eine Direktive zum Umgang mit Nasser: «U.S. Policies Toward Nasser». Darin forderten sie «den Einfluss Nassers als politische Kraft im Nahen Osten und in Afrika zu reduzieren und ihn wenn möglich zu eliminieren».[12] Empfohlen wurde, gemeinsam mit den Briten «verdeckte Maßnahmen einzuleiten, die geeignet sind, Nasser durch ein Regime zu ersetzen, das sich dem Westen gegenüber als kooperativer erweist». Weiter-

Die CIA lernt laufen in der Wüste

hin sollten «alle sich bietenden Gelegenheiten genutzt werden, offen und verdeckt, in anderen arabischen Ländern Verdächtigungen und Ängste vor den Ägyptern zu streuen und zu schüren». Beschlossen wurde, ein Anti-Nasser-Bündnis «zwischen König Saud und den haschemitischen Herrscherhäusern im Irak und in Jordanien zu schmieden». Und, last not least, «drastische Maßnahmen einzuleiten, um in Syrien eine moderate Regierung an die Macht zu bringen».

Damit war der «Honeymoon» zwischen Washington und der arabischen Generalität auch offiziell beendet. Während die Briten überlegten, Nasser mit Hilfe vergifteter Zigaretten oder Schokolade umzubringen, erschien es den Amerikanern nach dem Suezkrieg gleichwohl ratsamer, in Ägypten erst einmal leisere Töne anzuschlagen.

Stattdessen geriet Syrien ins Visier. Ägypten ist wichtig wegen des Suezkanals, außerdem ist es das bevölkerungsreichste und kulturell bedeutendste arabische Land, nicht zuletzt aufgrund seiner dominanten Filmindustrie. Syrien dagegen ist vor allem wegen seiner geographischen Lage von Interesse. Die kürzesten Landverbindungen aus den Golfstaaten in Richtung Türkei und somit Europa verlaufen über Syrien. Ohne syrisches Gebiet zu queren, rechnet sich keine Pipeline vom Golf oder aus dem Irak ans Mittelmeer. Der spätere britische Premierminister Harold Macmillan formulierte es 1956 so: «Syrien darf nicht vom nördlichen Bären erdrückt werden. Wir müssen darauf achten, dass die Ölmengen, die durch das Land fließen (25 Millionen Tonnen pro Jahr aus dem Irak, 12 Millionen aus Saudi-Arabien), nicht unterbrochen werden.»[13] Auch beim gegenwärtigen Konflikt in Syrien spielt der geplante Bau einer Pipeline, dem Assad aber nicht zustimmt, eine wichtige Rolle. Davon später mehr.

Archie hat Syrien nicht im Griff

«Wie du weißt, Archie, machen wir uns mächtig Sorgen wegen dem, was da gerade in Syrien abgeht. Es sieht ganz danach aus, als würden sich die Kommunisten und die Nationalisten zusammenrotten, um da irgendwas abzuziehen», erklärte Außenminister Dulles im August 1956 dem CIA-Mann Archibald Roosevelt, dem Cousin von Kermit Roosevelt.[14] Und er erteilte «Archie» den Auftrag, den nächsten Putsch in Syrien zu orchestrieren. Im Kern hatten sich Briten und Amerikaner bereits im Januar 1956 darauf verständigt, in Damaskus aufzuräumen («Operation Straggle»). Nach wiederholten Putschen oder Putschversuchen sowie mehreren Zivilregierungen, die sich stets nur einige Wochen oder Monate im Amt halten konnten, war seit August 1955 wieder nominell Schukri al-Quwatli an der Macht. Er war derjenige, der 1949 von Husni Zaim gestürzt worden war. Als Präsident war er aber nur eine Symbolfigur. Stattdessen wurde die syrische Politik weiterhin von Machtkämpfen innerhalb der Armee bestimmt und zunehmend auch von der Baath-Partei, deren Macht und Einfluss stetig wuchsen. Bei den Parlamentswahlen im September 1955 wurde sie, gemeinsam mit anderen linken und nationalen Fraktionen, stärkste Kraft. Und erstmals zog ein demokratisch gewählter Kommunist in ein arabisches Parlament ein.

Das ging endgültig zu weit. Gemeinsam entwarfen der SIS, der britische Auslandsgeheimdienst, und die CIA einen Umsturzplan. Er sah vor, dass die Türkei Grenzzwischenfälle provozieren sollte. Britische Agenten würden zeitgleich die Wüstenstämme zum Aufstand gegen Damaskus, amerikanische wiederum die rechtsextreme «Syrische Soziale Nationalpartei» zu Anschlägen ermutigen. Nötigenfalls sollten irakische Truppen zusätzlich intervenieren.

Die CIA lernt laufen in der Wüste

Der Plan scheiterte. Die Vorbereitungen hatten sich über Monate hingezogen, der unglückselige Suezkrieg die Operation torpediert. Zu allem Überfluss war sie auch noch vom syrischen Geheimdienst enttarnt worden.[15] Doch Weltpolitik kennt kein Innehalten – am 1. Januar 1957 traf sich Präsident Eisenhower mit führenden Vertretern des Repräsentantenhauses und trug ihnen auf, unter den übrigen Abgeordneten für ein sehr viel weitreichenderes Anliegen zu werben: nötigenfalls US-Truppen in den Nahen Osten zu entsenden, um der «sowjetischen Subversion» zu begegnen. Als Beleg nannte er die Entwicklung in Syrien. Am 30. Januar stimmte das Repräsentantenhaus mit 355 gegen 61 Stimmen zu und die «Eisenhower-Doktrin» trat in Kraft. Sie besagte, dass die USA überall und «mit allen Mitteln», also auch dem Einsatz von Atomwaffen, pro-westliche Regime vor kommunistischer Unterwanderung oder einer Bedrohung durch den «internationalen Kommunismus» zu schützen bereit seien.

Erneut offenbarte amerikanische Politik, dass es ihr schwerfällt, in der Realität zu lesen, Augenmaß zu wahren und die richtigen Schlüsse zu ziehen. Der zunehmende Einfluss vermeintlich linker Parteien und Bewegungen, die eher nationalistisch waren als soziale Umverteilung anzustreben, war nicht Ausdruck «sowjetischer Subversion», sondern der Identitätssuche inmitten von Instabilität und anti-kolonialer Emphase. Der arabische Nationalismus war zu keinem Zeitpunkt «anti-westlich» oder «pro-sowjetisch». Vielmehr war er eine Massenideologie, eher Hype als Programmatik, die bereits Anfang der 1960er Jahre ihren Höhepunkt überschreiten sollte. Nasser hatte sich, wie erwähnt, allein deswegen an Moskau gewandt, weil die Amerikaner ihm keine Waffen verkauften. Auch die syrische Anlehnung an Moskau hatte nichts mit Ideologie zu tun. Nach der Enttarnung der «Operation Straggle» allerdings

Die CIA lernt laufen in der Wüste

nahmen die Regierung in Damaskus und der Geheimdienst (*Deuxième Bureau*) ein Angebot des sowjetischen KGB zur Kooperation gerne an.

Wer, wie Amerikaner und Briten bis heute, ständig versucht, Regime zu stürzen, sollte sich nicht wundern, wenn der Schuss nach hinten losgeht, im wahrsten Sinn. Da Selbstkritik auf politischer Ebene nicht als Tugend gilt, braucht es ein klares Feindbild, um den einmal eingeschlagenen Weg unbeirrt auch dann noch weiter zu beschreiten, wenn er erkennbar in eine falsche Richtung führt. Damals lieferte der Kommunismus dieses Feindbild, heute ist es der Islam. Damals war es Moskau, heute ist es Teheran – mittlerweile auch Moskau wieder, wenngleich aus anderen Gründen. Und so wie damals die Sowjetunion von den Fehlern und Anmaßungen des Westens profitierte, sind heute der Iran und Russland die großen Nutznießer verfehlter Machtpolitik in der Region.

Die enger werdenden Beziehungen zwischen Syrien und der Sowjetunion gipfelten im August 1957 in einem «Freundschaftsabkommen»: Moskau garantierte Damaskus nunmehr «wirtschaftliche und technische Hilfe». Außenminister Dulles hielt diese «sowjetischen Aktivitäten» für «die größte Gefahr seit dem Koreakrieg». Gleichzeitig wurde Damaskus beschuldigt, ohne Beweise allerdings, die prowestlichen haschemitischen Herrscherhäuser in Jordanien und im Irak sowie den ebenfalls pro-westlichen Libanon zu destabilisieren.

«Neue Möglichkeiten im Nahen Osten»

Höchste Zeit also für einen erneuten britisch-amerikanischen Putschversuch in Syrien. Anfang 1957 nahm die «Anglo-Amerikanische Arbeitsgruppe» ihre Tätigkeit auf, zunächst informell, und entwarf einen sehr weitreichenden Plan, Deckname «Preferred Plan», bevorzugter Plan. (In einigen Quellen auch «Operation Wappen» genannt.) Er galt als dermaßen Top Secret, dass seine Einzelheiten erst vor wenigen Jahren bekannt wurden, mit Hilfe eines 2003 unter den privaten Papieren des verstorbenen Duncan Sandy, des britischen Verteidigungsministers unter Macmillan, aufgefundenen Dokuments. Es liest sich wie eine Blaupause der heutigen Versuche, Assad zu stürzen.

Federführend auf Seiten der CIA war der mittlerweile hinlänglich notorische Kermit Roosevelt, auf britischer Seite zog maßgeblich der neue Botschafter in Washington die Geheimdienst-Fäden, Harold Caccia. Er sah in dem Plan, wie auch der britische Premier Macmillan, die großartige Gelegenheit, die Amerikaner in Syrien auf gefährliches Terrain zu lotsen. Die Briten würden sich anschließend als treue Helfer unentbehrlich machen und damit ihren Bedeutungsverlust aufhalten, so offenbar das Kalkül. In den Worten Caccias: «Zunächst einmal sollten wir die Chancen nutzen, die sich für uns aus den letzten kommunistischen Manövern in Syrien ergeben. Das könnte zu jener Partnerschaft ... führen, um die wir uns seit Jahren bemühen ... Wie schon in den heißen Kriegen sind die Amerikaner nur zögerlich und spät dazugekommen, 1916 (sic!) und 1941. Aber jetzt gibt es neue Möglichkeiten im Nahen Osten, wie es sie nie zuvor gegeben hat.»[16]

Der Plan war ebenso schlicht wie brutal und gefährlich. Tatsächlich hätte er die gesamte Region in Brand setzen

Die CIA lernt laufen in der Wüste

können – «neue Möglichkeiten im Nahen Osten» eben. Er sah vor, mit Hilfe von Terroranschlägen und dem Einschleusen von Geld und Waffen einen Aufstand von Regierungsgegnern herbeizuführen und vor allem unzufriedene Stämme im Osten und Süden Syriens zu mobilisieren. Entlang der Grenzen mit Jordanien und dem Irak sollten entsprechende Zwischenfälle provoziert werden, um den anschließenden militärischen Vorstoß jordanischer und irakischer Truppen gemäß Artikel 51 der UN-Charta (Recht auf Selbstverteidigung) auf syrisches Gebiet zu rechtfertigen. Einen Plan B gab es auch: Für den Fall, dass es Damaskus gelänge, den arabischen Angriff abzuwehren, sollten türkische Truppen auf syrisches Gebiet vorrücken. Das hätte gefährlich werden können: Das NATO-Land Türkei wäre unmittelbar auf sowjetische «Militärberater» gestoßen – «neue Möglichkeiten» allenthalben.

Damit nicht genug. Die «Arbeitsgruppe» empfahl auch Methoden der «psychologischen Kriegsführung»: Es gelte den Eindruck zu erwecken, das syrische Regime sei an «Umsturzversuchen, Sabotage und Gewalt» in den arabischen Nachbarstaaten beteiligt. Die Medien in Syrien und Ägypten seien dahingehend zu manipulieren, dass sie sich zu «aggressiven verbalen Angriffen» auf die übrigen arabischen Regime verleiten ließen. Auf diese Weise sollte der Öffentlichkeit der Eindruck vermittelt werden, der geplante Putsch sei Rettung aus höchster Not.

Gleichzeitig wollten CIA und SIS in Jordanien syrische Oppositionsgruppen in einem «Freien Syrischen Komitee» zusammenführen. «Politische Fraktionen» mit «paramilitärischen oder sonstigen handlungsorientierten Fähigkeiten» gelte es «für die Durchführung spezifischer Einsätze im Rahmen ihrer Möglichkeiten» vorzubereiten, auch mit Hilfe der islamistischen Muslimbruderschaft.

Und schließlich empfahl die «Arbeitsgruppe» die «Eliminierung von Schlüsselfiguren», namentlich des Geheimdienst-Chefs, Oberst Abdel Hamid Sarradsch, des Leiters des syrischen Generalstabs und des Vorsitzenden der kommunistischen Partei.[17]

Der Plan scheiterte wie schon der Putschversuch im Jahr zuvor, weil Sarradsch rechtzeitig davon Wind bekommen hatte. Im August 1957 warnte Moskau daraufhin Washington, dass es im Fall eines weiteren türkischen Truppenaufmarsches entlang der syrischen einen bulgarischen Truppenaufmarsch entlang der türkischen Grenze geben werde. Zwar kam es noch wochenlang zu Gefechten entlang der türkisch-syrischen Grenze, doch war die rote Linie gezogen. Die syrische Regierung ließ Panzer vor der US-Botschaft auffahren und forderte den Leiter des CIA-Büros in Damaskus, Rocky Stone (er hieß wirklich so), offiziell Zweiter Sekretär der Botschaft, auf, das Land sofort zu verlassen. Es war das erste Mal überhaupt, dass ein US-Gesandter, gleich in welcher Funktion, eines Landes verwiesen wurde. Im Gegenzug wies Washington den syrischen Botschafter aus – auf amerikanischer Seite der erste Vorfall dieser Art seit dem Ersten Weltkrieg.

Es folgte eine Säuberung der Armee von allen Militärs, die je mit der US-Botschaft zu tun gehabt hatten. Das Verhältnis zu den USA sollte sich nicht mehr normalisieren. Vertrauen in die Politik des Westens hatte in Damaskus kaum noch jemand. Stattdessen wurde Moskau unwiderruflich zum Bündnispartner und ist es bis heute geblieben. Der Sicherheitsapparat wurde eine tragende Säule der Macht, die syrische Führung regierte zunehmend repressiv und despotisch. Die Machtergreifung von Hafis al-Assad 1970 führte zur innenpolitischen Konsolidierung und sukzessiven Unterdrückung jedweder Opposition. Der Clan der Assads, das Militär und mehrere Geheimdienste schufen eine Machtbasis, die formell in Händen der Baath-Partei lag und liegt. Die Abneigung des jetzigen Regimes unter Baschar al-Assad, sich auf Kompromisse mit einer (Exil-) Opposition einzulassen, die aus dem Westen, der Türkei und den Golfstaaten unterstützt wird, hat auch mit der kollektiven Erinnerung an die Putschversuche in den Jahren 1949 bis 1957 zu tun. Für Damaskus ist das, was heute geschieht, ein *déjà-vu*.

Paranoia als Staatsräson

Aus Sicht der Amerikaner zerfiel die Welt zwischen Mittelmeer und Pazifik in Schwarz und Weiß: Von Damaskus bis Jakarta brauchte es die ordnende Hand der USA, wenn kein Dominostein an den «Sowjetkommunismus» fallen sollte. Auch in Indonesien unternahm Washington von 1955 bis 1965 mehrere Putschversuche, um den als kommunistisch geltenden Präsidenten Sukarno zu stürzen. Am 25. September 1957, also unmittelbar nach dem gescheiterten Coup in Syrien, befahl Präsident Eisenhower der CIA, sich ein weiteres Mal Sukarnos anzunehmen. Man glaubt es kaum, aber die US-Agenten folgten dem «Preferred Plan» als Regieanweisung auch für ihren Putschversuch 1958. Er flog allerdings in Indonesien ebenso auf wie in Syrien im Jahr zuvor. Erst 1965 gelang es der CIA, Sukarno tatsächlich zu stürzen, woraufhin Hunderttausende Menschen unter seinem Nachfolger Suharto massakriert wurden, als tatsächliche oder vermeintliche Kommunisten.

Im Anschluss an den gescheiterten Coup in Syrien 1957 kam es in Beirut und Algiers zu anti-amerikanischen Ausschreitungen. War das Teil einer weltweiten Verschwörung? CIA-Chef Allen Dulles, der jüngere Bruder von Außenminister John Foster Dulles und ein Freund verdeckter Mordanschläge (unter anderem auf Patrice Lumumba und

Fidel Castro), war der schlichten Ansicht, dass im Nahen Osten wie überall sonst auf der Welt «letztlich die Kommunisten die Strippen ziehen».[18] Aus Furcht vor einem weiteren Vordringen des «Sowjetkommunismus» erhielten 1958 mehrere CIA-Agenten den Auftrag, sich nach Bagdad zu begeben. Dort sollten sie ranghohen Militärs, Politikern und Akademikern Waffen und Geld anbieten, um gemeinsam mit den Amerikanern antikommunistische Bündnisse in der Region zu schließen. Dazu kam es nicht mehr, denn am 14. Juli putschte die Armee und stürzte die pro-amerikanische Monarchie. Das neue Regime unter General Abdel Karim Kassem enttarnte die Agenten, die Hals über Kopf flüchten mussten. CIA-Chef Dulles nannte den Irak daraufhin «den gefährlichsten Ort der Welt». Kermit Roosevelt, seit 1950 Chef der CIA-Nahostabteilung, zog sich nach diesem erneuten Flop aus dem Spionagegeschäft zurück und verdiente anschließend ein Vermögen in der Ölindustrie. Sein Nachfolger wurde James Critchfield, der zuvor lange in Deutschland gewirkt hatte, als Verbindungsmann der CIA zu Reinhard Gehlen, ehemals als Generalmajor der Wehrmacht Leiter der (Spionage-)Abteilung Fremde Heere-Ost und nach dem Krieg erster Präsident des BND.

Fünf Jahre brauchten Critchfield und seine Leute, um einen erfolgreichen Staatsstreich im Irak vorzubereiten. Im Februar 1963 putschte die Baath-Partei gegen Kassem. «Wir sind im Windschatten der CIA an die Macht gekommen», bekannte der erste Innenminister Ali Saleh Sa'adi freimütig.[19] Aus diesem Grund ist die Baath-Partei im Irak auch, anders als ihr syrisches Pendant, nicht auf Distanz zu Washington gegangen. Sie sollte bis zum Sturz Saddam Husseins 2003, der jahrzehntelang enge Kontakte zur CIA unterhalten hatte, an der Macht bleiben. Anschließend erklärte sie der stellvertretende US-Verteidigungsminister Paul Wolfowitz zur «Terrororganisation» und sie wurde verboten.

Die CIA lernt laufen in der Wüste

Einen Tag nach Kassems Putsch im Irak, am 15. Juli 1958, gingen 10 000 Marines in Beirut an Land: die erste amerikanische Militärintervention im Nahen Osten. Die Sechste US-Flotte war schon seit Monaten im östlichen Mittelmeer stationiert gewesen. Im Februar 1958 hatten sich Ägypten und Syrien zur «Vereinigten Arabischen Republik» (VAR) zusammengeschlossen. Nach dem gescheiterten Staatsstreich in Syrien 1957 erschien es Damaskus ratsam, sich einen weiteren starken Partner zu suchen. Besonders die Muslime und Palästinenser im Libanon verlangten, dass sich Beirut dieser Union anschließe. Die Christen aber, die maronitische Oberschicht, lehnten das ab. Daraufhin kam es zu gewalttätigen Unruhen. Noch am Tag des Umsturzes in Bagdad ersuchte Präsident Camille Chamoun um amerikanische Unterstützung, die ihm sofort gewährt wurde, unter Maßgabe der Eisenhower-Doktrin. Die angespannte Lage im Libanon beruhigte sich nur oberflächlich und entlud sich schließlich in einem Bürgerkrieg (1975–1990).

Präsident Eisenhower kommentierte die Lage in der arabischen Welt mit den Worten: «Wir haben das Problem, dass es eine regelrechte Hasskampagne gegen uns gibt. Nicht seitens der Regierungen, sondern seitens der Bevölkerung.» Die Frage nach den möglichen Ursachen stellte er nicht.

Vorsicht, fette Katzen: Araber und Syrer suchen die Freiheit und finden sie nicht

Wäre die amerikanische Machtelite nicht einer teilweise pathologisch anmutenden Obsession mit dem «Sowjetkommunismus» erlegen, hätte sie einfach nur abwarten müssen, bis der «arabische Nationalismus» von ganz alleine implodiert. Warum konnten die Kolonialmächte und anschließend die USA die arabisch-islamische Welt vergleichsweise mühelos manipulieren und ihren eigenen Interessen unterwerfen? Es hängt wesentlich mit der bereits angesprochenen Sozialstruktur zusammen sowie der Ungleichzeitigkeit der historischen Entwicklung nördlich und südlich des Mittelmeeres. Während sich beispielsweise feudale gesellschaftliche Verhältnisse im westlichen Europa nach dem Zweiten Weltkrieg meist überlebt hatten, wirken sie in den arabischen Ländern bis heute fort. Die bei weitem größte soziale Schicht damals wie heute sind die Besitzlosen und die Armen, meist Subsistenzbauern und Tagelöhner. In den Basaren dominieren kleine und mittelständische Händler und Gewerbetreibende: eine kleinbürgerlich geprägte Mittelschicht, aus deren Reihen auch die meisten Beamten und Angestellten stammen. Bis zur arabischen Unabhängigkeit hatte sich keine sozio-ökonomisch starke und zum politischen Handeln befähigte Klasse herausgebildet. Die Lücke wurde von antikolonialen Befreiungsbewegungen gefüllt, nicht allein in Ägypten und Syrien, sondern in den meisten vormodernen Staaten der Dritten Welt. Zum Motor des gesellschaftlichen Wandels wurde nunmehr, wie erwähnt, die

Armee. Vor allem das Offizierskorps entwickelte sich zum Sammelbecken einer verwestlichten Intelligenz ebenfalls kleinbürgerlicher Herkunft, teils ländlicher, teils städtischer Prägung.

Zunächst schienen die neu entstehenden Armeen, frei von konservativen militärischen Traditionen, fortschrittliche Kräfte zu sein. Traten sie doch ein für Technisierung und Entwicklung, für Bildung und Gerechtigkeit. Der bloße Gedanke an eine Islamisierung der Gesellschaft wäre ihnen vollkommen fremd gewesen. Doch einmal an der Macht, zeigten sie zwei Verhaltensmuster, die beide maßgeblich zur Stagnation der arabischen Welt beitrugen und schließlich dem «Arabischen Frühling» 2011 den Weg bereiteten: zum einen Repression und Machtmissbrauch, zum anderen wirtschaftliche Inkompetenz, Vetternwirtschaft und eine schier grenzenlose Selbstbereicherung.

Beispiel Ägypten: Kaum an der Macht, lösten die «Freien Offiziere» 1952 das Parlament auf, verboten die alten Parteien und verfolgten alle Oppositionsströmungen. Zunächst die linken, dann, ab 1954, auch die Muslimbruderschaft. Gleichzeitig übernahmen Gefolgsleute Nassers alle Ministerien und Schlüsselpositionen in Staat und Verwaltung.

Beflügelt vom «Sieg» im Suezkrieg 1956 und seiner unangefochtenen Rolle als arabischer Volkstribun enteignete Nasser allen ausländischen Kapitalbesitz, nicht aber den inländischen. Militärs in Zivil wurden nunmehr als Fabrikdirektoren oder Manager eingesetzt und begründeten eine staatlich gelenkte Volkswirtschaft. Parallel zur Militärherrschaft entstand ein neues «Staatsbürgertum», eine parasitäre Schicht aus Entscheidungsträgern mit wenig oder gar keinem wirtschaftlichen Sachverstand. In diese Phase nasseristischer Machtkonsolidierung fiel der Zusammenschluss Ägyptens mit Syrien zur «Vereinigten Arabischen Republik» im Februar 1958, die gerade einmal drei Jahre Bestand

Vorsicht, fette Katzen

hatte. Die Ägypter verstaatlichten alle in Syrien tätigen Firmen und Banken und bestimmten Kairo als Hauptstadt. Fast die gesamte Regierung bestand aus Ägyptern. In Syrien, wo eine ähnliche Symbiose aus Militärs und «Staatsbürgertum» erwachsen war, nahmen Unzufriedenheit und Enttäuschung zu. Nach einem weiteren Putsch im September 1961, dieses Mal ohne amerikanische Beteiligung, erklärte Damaskus seinen Austritt aus der VAR. Kluge Strategen in Washington und anderswo hätten spätestens in diesem Moment erkennen können, dass der «arabische Nationalismus» auf bestem Wege war, sich in die Geschichtsbücher zu verabschieden.

Nach dem Ende der kurzlebigen Union enteignete Nasser ihm feindlich gesinnte «Effendis», darunter zahlreiche Großgrundbesitzer. Vor allem jene, die wenig Neigung verspürten, in die jeweiligen Fünfjahrespläne zu investieren. Das eröffnete dem «Staatsbürgertum» Ägyptens neue Möglichkeiten der Inbesitznahme. Gleichzeitig wurde jedem Hochschulabsolventen ein Arbeitsplatz garantiert. Die Folge war eine aufgeblähte, ineffiziente Bürokratie mit Hungerlöhnen. Auch ohne den Sechstagekrieg von 1967 wäre der Nasserismus früher oder später implodiert, ähnlich wie die DDR: Wirtschaftlich lag Ägypten am Boden.

In Syrien stellte sich die Lage anders dar – dort arrangierten sich die Militärmachthaber mit den Großgrundbesitzern und der Händlerschicht und machten sie zu ihren Verbündeten, verstärkt nach der Machtübernahme von Hafis al-Assad 1970. In Damaskus gerann der «arabische Nationalismus» schließlich zu bloßer Folklore der Baath-Partei, in Kairo wurde er mit dem Tod Nassers 1970 unwiderruflich Vergangenheit.

Selbstkritik nach der Niederlage

Die arabische Niederlage im Sechstagekrieg vom Juni 1967 hatte weitreichende Folgen, politisch wie psychologisch. Israel besetzte den ägyptischen Sinai, den Gazastreifen, die syrischen Golanhöhen und das Westjordanland (West Bank) einschließlich Ost-Jerusalems, damals jordanisch. Damit nahm der israelische Siedlungskolonialismus seinen Anfang, erneut wurden Palästinenser vertrieben, rund 250 000, in Richtung Gazastreifen und Jordanien. Nasser hatte sich zu unklugen Provokationen verleiten lassen, unter anderem der Schließung des Golfes von Akaba für israelische Schiffe. Er hielt sich nach dem Suezkrieg für unbesiegbar und verstand das Kalkül der israelischen Seite nicht: Geduldig zu warten, bis der ideale Vorwand gefunden war, um den lange geplanten Enthauptungsschlag gegen ihn, die Symbolfigur des arabischen Nationalismus, zu führen. Der damalige Waffengang ist als Sechstagekrieg in die Geschichte eingegangen, war aber im Grunde nach sechs Stunden bereits entschieden. Länger brauchte die israelische Luftwaffe nicht, sämtliche ägyptische Kampfflugzeuge noch am Boden zu zerstören.

In seinem hellsichtigen Buch «Selbstkritik nach der Niederlage», erschienen in Beirut 1968, befasste sich der syrische Philosoph Sadik al-Azm (1934-2016) mit der Frage, wie die gewaltige Kluft zwischen Selbstwahrnehmung und Wirklichkeit, zwischen Rhetorik und Realität zu erklären war. In der arabischen Politik, aber auch im Alltagsleben. Er bescheinigte den Arabern ein Übermaß an Emotionalität sowie eine ausgeprägte Verweigerungshaltung gegenüber Tatsachen. Anstatt sich unangenehmen Wahrheiten zu stellen, flüchteten sie lieber in Wunschdenken. So sehr hätten sie der donnernden Rhetorik Nassers vertraut, dass sie sich schlichtweg weigerten, die Überlegenheit Israels auf vielen Gebieten anzuerkennen und sich mit den Ursachen der eigenen Schwäche zu befassen – darunter dem Hang zur irrationalen Selbsterhöhung. Viele, wenn nicht die meisten Araber seien anfällig für Verschwörungstheorien, unfähig zur Selbstkritik. Dass der Autor einen Nerv getroffen hatte, zeigte sich an den Reaktionen: So sehr wogte die Empörung, dass er Hals über Kopf aus Damaskus flüchten und einige Jahre in Beirut untertauchen musste.

Al-Azm beschrieb ein erstaunliches Phänomen: Kaum war der Krieg verloren, der arabische Nationalismus als Hoffnungsträger Geschichte, wandten sich die Araber der nächsten Heilslehre zu, der Religion. Angefangen mit der tröstlichen Botschaft, die Niederlage sei Gottes Wille gewesen. Auch Nasser selbst machte dafür das Kismet verantwortlich, nicht seine Fehleinschätzungen. Die geradezu traumatische Zäsur von 1967 jedenfalls wurde zur Geburtsstunde des politischen Islam als neuem Hoffnungsträger der Massen, zunächst im arabischen Raum, später, nach der Revolution im Iran 1979, auch in der übrigen islamischen Welt.

Im Gegensatz zur heutigen Mehrheitsmeinung im Westen ist der politische Islam, auch Islamismus oder islamischer Fundamentalismus genannt, keineswegs identisch mit dem Islam an sich. Der Islam zeigt, wie jede Religion, viele Gesichter: den Volksglauben an Heilige und Wundertäter ebenso wie die Mystik oder die Orthodoxie. Hinzu kommen die Wirkungsmacht religiöser Institutionen und Hierarchien, von Scharia und Theologie, und regionale Ausprägungen: Der Islam in Marokko wird anders gelebt als etwa der in Zentralasien. Ganz zu schweigen von den Schismen, den Kirchenspaltungen, die jeweils neue Glaubenswelten erschaffen: Katholizismus und Protestantismus hier, sunnitischer und schiitischer Islam dort. Die Politisierung von Religion und ihre Instrumentalisierung sind nicht neu, erinnert sei an die Kreuzzüge oder die Inquisition. Glaubensinhalte laufen grundsätzlich Gefahr, zur Waffe geschmiedet zu werden: von Herrschern, Demagogen, Sinnsuchern.

Der politische Islam also stellt *eine* Ausrichtung des Islams dar, eine vergleichsweise junge zumal, ist aber keineswegs mit ihm identisch. Und er umfasst ein weites Spektrum, das von der türkischen Regierungspartei AKP bis zum «Islamischen Staat» reicht. Die einzigen, die Islam und Islamismus gleichsetzen, sind gegenwärtig Fundamentalisten und Dschihadisten auf der einen und westliche «Kulturkämpfer» auf der anderen Seite, deren Islamverachtung die öffentliche Wahrnehmung des Islams und der Muslime bis weit in die Mitte der Gesellschaft prägt.

Reformiert euch!

Die Auseinandersetzung mit dem Kolonialismus hat muslimische Denker früh fragen lassen: Warum ist Europa führend, sind die Araber rückständig? Die Suche nach Antworten wurde zur Geburtsstunde des islamischen Modernismus. Sein wichtigster Vertreter war der gebürtige Perser Dschamal ad-Din al-Afghani (1838–1897), der seine zweite Lebenshälfte überwiegend in Kairo verbrachte. Für ihn war die eigene Religion weitaus mehr als Gesetz und Theologie. Er sah im Islam eine Zivilisation, die der europäischen überlegen war. Für den Niedergang der islamischen Hochkultur im Spätmittelalter machte er die orthodoxen Rechtsgelehrten, die Ulama, verantwortlich. Sie, die selbsternannten Hüter des Islams, hätten unabhängiges Denken und wissenschaftlichen Fortschritt verhindert, während Europa Reformation und Aufklärung erlebte. Durch ihr Verbot einer rationalen Erörterung von Rechtsfragen und somit einer zeitgemäßen Anwendung der Scharia, des islamischen Gesetzes, sowie ihre Abneigung, Religion und Vernunft miteinander zu versöhnen, seien sie zu wahren Feinden des Islam geworden. Al-Afghani, mehr politischer Aktivist als systematischer Denker, erkannte: Die Stärke Europas beruhe auf Handlungswillen, Unternehmensgeist und Rationalismus. Diese Tugenden seien Voraussetzungen für den verbrecherischen Kolonialismus gewesen, aber auch für den wissenschaftlichen und technischen Fortschritt Europas, für militärische und politische Stärke, individuelle Freiheiten und moderne Erziehung. Die Muslime, so seine Botschaft, hätten allen Grund, von den Europäern so viel wie möglich zu lernen, sollten ihnen aber die politische Einheit der Muslime entgegensetzen.

Doch die islamische Reformbewegung im 19. und frühen 20. Jahrhundert konnte sich gegen die Orthodoxie nicht durchsetzen. Und sie blieb auf intellektuelle Kreise beschränkt. Ihre Vordenker verstanden es nicht, die Gefühle der meist analphabetischen Bevölkerung anzusprechen. Neben al-Afghani gab und gibt es bis heute zahlreiche islamische Reformdenker, doch sind sie im Wesen meist unbekannt. Al-Afghani predigte schon vor 150 Jahren, was hierzulande gerne als Forderung an die Muslime gerichtet wird: Reformiert euch! Sie ist leicht zu stellen und kommt nicht selten mit Häme daher – wir stehen auf der richtigen Seite der Geschichte, ihr nicht. Vergessen wird dabei gerne zweierlei. Die eigene blutrünstige Vergangenheit und die schlichte Weisheit, dass nun einmal das Sein das Bewusstsein bestimmt, nicht umgekehrt. Unter den sozialen, gesellschaftlichen und politischen Rahmenbedingungen, wie sie heute in der arabischen Welt bestehen, unter den Bedingungen also von Armut, Unfreiheit, Staatszerfall und Terror, ist kein Raum für Reformdenken. Die Menschen sind hinlänglich mit ihrem eigenen Überleben befasst.

Einem jungen Dorfschullehrer blieb es vorbehalten, die

enttäuschten Hoffnungen islamischer Größe und arabischer Freiheit neu zu beleben. Hassan al-Banna (1906–1949) gilt als der erste namhafte Ideologe des islamischen Fundamentalismus. 1928 gründete er in Ägypten die Muslimbruderschaft, die bis heute in zahlreichen arabischen Ländern aktiv ist, nicht immer allerdings unter diesem Namen. Ideologisch und organisatorisch ist der Werdegang der Muslimbrüder charakteristisch für zahlreiche islamistische Bewegungen der Gegenwart. Entstanden aus Protest, waren sie als radikale und gleichzeitig karitativ tätige Massenbewegung erfolgreich und wurden für die Machthaber eine Gefahr. Unter Nasser war die Muslimbruderschaft zunächst verboten, dann wieder indirekt zugelassen, nunmehr gewandelt und eine gemäßigte Opposition, der islamische Staat nur noch eine ferne Utopie. Nach dem Sturz Mubaraks im Zuge der arabischen Revolte stellte sie 2012 die erste frei gewählte Regierung in der Geschichte Ägyptens. Ein Jahr später wurde sie von der Armee gestürzt, der neue Militärmachthaber Sisi erklärte sie daraufhin zur «Terrororganisation», und sie wurde erneut verboten.

Hassan al-Bannas Lehre, so dürftig sie ist, prägt bis heute das Weltbild islamischer Fundamentalisten, auch wenn sie sich in der Regel nicht auf ihn berufen, sondern auf nachfolgende Vordenker und Aktivisten oder schlichtweg «den Koran». Islamisten lehnen jedwede Exegese ab, denn sie bedeutet, heilige Texte zu deuten, zu interpretieren. Sie argumentieren, dass der Koran und die Worte des Propheten wörtlich zu verstehen seien – sollten dennoch Fragen offen bleiben, erteilt der jeweilige Anführer gerne Auskunft. So kann er seine Macht und Autorität gegenüber den eigenen Anhängern festigen. Deswegen bekämpft die sunnitische Orthodoxie den Islamismus: Er stellt ihren eigenen Machtanspruch in Frage. (Der Islamismus ist in erster Linie eine sunnitische Erscheinung.)

Das politische Hauptanliegen von al-Banna und Seinesgleichen liegt in der Befreiung der arabisch-islamischen Welt vom Westen und seinem Einfluss. Damals in Ägypten ging es um den Kampf gegen die britischen Kolonialherren, heute ist Amerika der große Islamfeind: die USA und ihr nahöstlicher Verbündeter Israel. Das bedeutet, nach außen konsequent den Befreiungskampf fortzuführen und nach innen die Gesellschaft zu «islamisieren», angefangen mit der entsprechenden Kleiderordnung: Vollbart für die Männer, Kopftuch oder Schleier für die Frauen. Das Endziel ist die Errichtung eines sozial «gerechten» islamischen Staates, gerne von einem Kalifen regiert.

So weit, stark vereinfacht, die Theorie des Islamismus, die wie alle Ismen totalitäre Züge trägt. In der Praxis sind die meisten islamistischen Bewegungen der Gegenwart pragmatisch bis zur Selbstverleugnung und passen sich ihrem gesellschaftlichen Umfeld an, sofern sie nicht im Untergrund wirken oder aus ihrer Sicht Widerstand gegen Ungerechtigkeit leisten. Der heutige Dschihadismus wiederum, in Gestalt etwa des «Islamischen Staates», stellt eine gewalttätige, extremistische Metamorphose des Islamismus dar. Dazu später mehr.

Doch der Siegeszug des politischen Islams hat noch weitere Gründe. Zum einen die Unfreiheit in der arabisch-islamischen Welt. Wo und wie Kritik üben an den bestehenden Verhältnissen? Parteien oder Gewerkschaften zum Beispiel waren und sind, von Ausnahmen abgesehen, entweder verboten oder gelenkt, die vielbeschworene «Zivilgesellschaft» ist schwach entwickelt. Einer der wenigen öffentlichen Räume, in denen bestehender Unmut in Maßen ventiliert werden kann, ist die Moschee. Zum anderen beflügelte die Egomanie der Machtelite den Islamismus. Sie verspürte wenig Neigung, in Bildung und Zukunft zu investieren. Abgesehen von den Golfstaaten hat sich die Wirtschaftslage von Marokko bis Pakistan in den letzten 50 Jahren stetig verschlechtert. Die große Mehrheit der sozial Abgehängten und Identitätssuchenden fand Zuflucht in der Religion: «Der Islam ist die Lösung» – ein beliebter Slogan von Casablanca bis Karatschi.

Und schließlich hat die Politik Saudi-Arabiens wesentlich zum Aufschwung des Islamismus beigetragen, der selbsternannten Schutzmacht der Sunniten. Der dortige Staatsislam, nach seinem Begründer aus dem 18. Jahrhundert Wahhabismus genannt, folgt einem extrem konservativen, rückwärtsgewandten Religionsverständnis. Riad hat, verstärkt nach der schiitischen Revolution im Iran 1979, Milliardenbeträge in radikale sunnitische Bewegungen investiert, gewissermaßen als Gegengewicht – bis hin zu den afghanischen Taliban und Al-Qaida.

Fette Katzen und Glaubenskämpfer

Nach der historischen Zäsur von 1967 entwickelten sich die ohnehin engen Beziehungen Washingtons zu Israel zu einer strategischen Partnerschaft, die bis heute Bestand hat: politisch, wirtschaftlich und militärisch. Der zweite große US-Verbündete in der Region war zunächst das Schah-Regime. Nach der Machtübernahme Khomeinis trat Saudi-Arabien an die Stelle Irans. Riad kann allerdings, anders als Israel, nur geringen Einfluss auf die Innenpolitik der USA nehmen. Gleichzeitig orientierte sich Ägypten unter Nassers Nachfolger Sadat in den 1970er Jahren wieder Richtung Westen und beendete die Zusammenarbeit mit Moskau. Der Friedensvertrag zwischen Ägypten und Israel von 1978/79 sicherte Kairo einen bis heute nicht versiegenden Strom westlicher Finanzhilfen, ebenso Waffenlieferungen und eine bevorzugte Behandlung – auch in Form höflichen Schweigens angesichts der dortigen Menschenrechtsverletzungen. Gleichzeitig verschärften sich die sozialen Gegensätze, entstand eine neue Schicht aus «fetten Katzen», wie sie im Volksmund heißen. Gemeint ist die Mesalliance aus «Staatsbürgertum» und einer neuen Unternehmerschicht, die vielfach in den Golfstaaten großen Reichtum erworben hatte. Die übrige Bevölkerung litt unter der Inflation und den eingefrorenen Löhnen, wiederholt kam es zu «Brotunruhen».

In Syrien wiederum blieb das Verhältnis zu Moskau ungetrübt. Auch deswegen, weil die USA ebenso wenig wie die Europäer Israel auf die Rückgabe der 1967 besetzten syrischen Golanhöhen verpflichten mochten. Stattdessen wurden sie 1981 völkerrechtswidrig annektiert, ebenso Ost-Jerusalem. Die Araber mussten erkennen, dass die westlichen Versprechen von Freiheit, Demokratie und Menschenrechten stets wirtschaftlichen und politischen Interessen untergeordnet sind – sofern das betreffende Regime nicht als «anti-westlich» gilt. Gleichzeitig wurde ihnen bewusst, dass Israel einen Freibrief besitzt, in der Region nach Belieben militärisch einzugreifen, vor allem im Libanon und gegenüber den Palästinensern. Zunehmend galten die Verheißungen westlicher Demokratie als pure Heuchelei – Wasser auf die Mühlen der Islamisten.

Die entscheidende Zäsur vor 9/11 setzte das Jahr 1979, als zwei Großereignisse die Weltpolitik prägten: die bereits erwähnte Islamische Revolution im Iran mit der Machtübernahme Ajatollah Khomeinis und der sowjetische Einmarsch in Afghanistan. Um die Mullahs in Teheran zu schwächen, unterstützten Washington und Riad Saddam Hussein im irakisch-iranischen Krieg (1980–1988), der eine Million Menschen das Leben kostete, den Irak wirtschaftlich ruinierte und mit einem «Unentschieden» endete. In der Absicht, die Staatskasse wieder aufzufüllen, überfielen irakische Truppen 1990 Kuweit und wurden im Folgejahr von einer US-geführten Militärkoalition wieder vertrieben. Seither stand Saddam Hussein auf der Abschussliste der USA, wurde der Irak mit Sanktionen überzogen und der Vorwurf erhoben, das Land verfüge über «Massenvernichtungswaffen» – bis der Diktator 2003 schließlich gestürzt wurde. In Afghanistan wiederum suchten die USA den Showdown mit der Sowjetunion: Mit saudischer und pakistanischer Unterstützung finanzierte und bewaffnete vor allem die CIA die «Mudschahedin», Glaubenskämpfer, die gegen die sowjetischen Truppen in Afghanistan eingesetzt wurden – darunter auch Osama bin Laden. 1989 zog sich Moskau aus dem Nachbarland zurück, und aus den Mudschahedin gingen Al-Qaida und die Taliban hervor. Washington besitzt ein großes Talent, die Feinde des Westens erst zu züchten, um sie anschließend wieder mit großem Aufwand zu bekämpfen – zur Freude der Rüstungsindustrie.[20]

Schlechte Aussichten

Warum also gibt es keine Demokratie in der arabischen Welt? *It's the economy, stupid,* um einen Wahlkampfslogan von Bill Clinton aus dem Jahr 1992 aufzugreifen. Die sozialen Strukturen sind in allen arabischen Staaten ähnlich und gleichen äußerlich einer Pyramide. An der Spitze befindet sich eine kleine Machtelite aus Militärs oder Monarchen, die in Verbindung mit «fetten Katzen» Zugriff auf die staatlichen Ressourcen hat. Der soziale Aufstieg in diese Kaste, die untereinander versippt und verschwägert ist, kommt einem Lotteriegewinn gleich. Die Mentalität der Herrschenden, sich die Volkswirtschaften untertan zu machen, erklärt wesentlich, warum die Infrastruktur in den meisten arabischen Staaten schlichtweg verrottet ist, das Bildungssystem am Boden liegt, die Analphabetenquote teilweise mehr als 90 Prozent beträgt (Jemen, Sudan), Armut und Arbeitslosigkeit grassieren und drängende Herausforderungen, allen voran die Bevölkerungsexplosion, Stadtplanung, Wassermangel und Klimawandel, nur in Ansätzen, wenn überhaupt, angegangen werden.

Die bürgerlichen Mittelschichten, zu denen im westlichen Europa die Mehrheit der Bevölkerung rechnet, wenngleich bei fallender Tendenz, umfassen in der arabischen Welt etwa ein Drittel der Bevölkerung. Kennzeichen der dortigen Mittelschichten ist ihre vielfach prekäre Lage – sie verdienen wenig und sind dauerhaft vom sozialen Absturz bedroht. Der Hochschullehrer, der gleichzeitig Taxi fährt, um seine Familie zu ernähren, ist die Regel, nicht die Ausnahme. Soziale Sicherungssysteme wie Arbeitslosen- oder Krankenversicherung, Rente gibt es nur in Ansätzen. Allein die Solidarität der Großfamilie sichert das Überleben in Zeiten der Not.

Die meisten Araber allerdings finden sich am unteren Rand der sozialen Pyramide wieder. Rund zwei Drittel der Bevölkerung leben als Tagelöhner von der Hand in den Mund. Nicht bürgerliche Mittelschichten also prägen Staat und Gesellschaft, sondern kleine Machteliten, die ihre Privilegien um jeden Preis zu bewahren und wenn möglich zu vererben suchen. Vor diesem Hintergrund kann es Rechtsstaatlichkeit, Meinungsfreiheit, Pluralismus, Gewaltenteilung nicht geben – damit würden sich die Herrschenden zwangsläufig selbst entmachten. Und noch immer sind feudale gesellschaftliche Strukturen prägend, abzulesen an dem großen Einfluss von Clanen und Stämmen, religiösen und ethnischen Identitäten.

Wie kann angesichts solcher Rahmenbedingungen die arabische Welt reformiert und der erforderliche Aufbruch vorangetrieben werden? Patentrezepte gibt es nicht. Einige Hundertschaften kluger Köpfe, ob in Syrien oder anderswo, die der traditionellen Ordnung entsagen und die Machthaber kritisieren oder ablehnen, sind noch lange keine kritische Masse, die den Wandel vollziehen könnte. Das ist ohne Zweifel bedauerlich, liegt aber in der Natur der Sache. Nach der Französischen Revolution von 1789 hat es mehr als ein Jahrhundert gedauert, bis die politische Macht von Feudalismus und Klerus in Europa endgültig gebrochen war. Westliche Akteure, etwa aus dem Umfeld von Nichtregierungsorganisationen oder politischen Stiftungen, misstrauen meist jeder Form von Religion, die sie als reine Privatangelegenheit und im Zweifel als rückständig ansehen. Von Marokko bis Indonesien jedoch spielt der Glaube an Gott eine zentrale Rolle im Leben des Einzelnen wie auch der Gesellschaft. Wer annimmt, die Region sei ohne den Faktor Islam zu erneuern, denkt westlich. Das gilt ungeachtet des Siegeszuges islamistischer Fanatiker, der sich langfristig überleben dürfte – hoffentlich.

Der Weg von Arabern und Muslimen in die Moderne wird solange von Terror und Gewalt begleitet werden, bis die Zeit reif ist für einen neuen «contrat social», einen neuen Gesellschaftsvertrag. Gegenwärtig durchleben sie den Rückfall in Banden- und Milizenherrschaft, die Verteidigung oder Rückeroberung der Macht durch skrupellose Alleinherrscher. Darin liegt das blutige Paradox der arabisch-islamischen Welt. Dieser Widerspruch zwischen dem weitverbreiteten Wunsch nach Wandel bei gleichzeitiger Regression dürfte fortbestehen, bis die imperialen Spielemacher im Hintergrund ihr Interesse an der Region verlieren oder die Machthaber, vielfach Warlords, neue Geschäftsfelder erschließen, die nach Stabilität verlangen. Oder bis der Blutzoll so hoch wird, dass die Menschen des Tötens überdrüssig werden. Das war der Fall im libanesischen Bürgerkrieg, der 1990 nach 15 Jahren endete.

**Kein richtiges Leben im falschen:
Baschar al-Assad setzt auf Gewalt**

Nach einer erneuten Phase politischer Instabilität putschte sich Hafis al-Assad im November 1970 in Syrien unblutig an die Macht. Er gehörte der religiösen Minderheit der Alawiten an, die gemeinhin dem schiitischen Islam zugerechnet werden. Die Alawiten machen etwa zehn Prozent der syrischen Bevölkerung aus, die große Mehrheit, etwa 70 Prozent, stellen die Sunniten. Die syrischen Alawiten sind übrigens nicht zu verwechseln mit den türkischen Aleviten, die einen ganz anderen geschichtlichen Hintergrund haben.

Wie aber konnte der Angehörige einer religiösen Minderheit den Rückhalt des Militärs gewinnen? Weil in der Armee die Alawiten dominierten, dank französischer Kolonialpolitik. Nichts fürchteten Franzosen und Briten mehr als den erwachenden arabischen Nationalismus und die Einheit der Araber. Um die Sunniten zu schwächen, setzte Paris vor allem auf die religiösen Führer der Alawiten und Drusen, denen Verwaltungsaufgaben übertragen wurden. Die Franzosen vermieden den Aufbau einer staatlichen Bürokratie, eines potentiellen Nährbodens nationalistischer Umtriebe. Dadurch wurden ethnische und Stammesstrukturen gestärkt, ein moderner Zentralstaat hingegen konnte nicht entstehen – einer der Gründe für die nachfolgende Instabilität Syriens. Die Alawiten gehörten zu den Ärmsten der Armen, sie waren überwiegend landlose Bauern auf den Feldern deutlich bessergestellter Sunniten und Christen. Als die französische Regierung in den 1930er Jahren eine lokale Eingreiftruppe in Syrien aufbaute, um wiederholt aufflammende Revolten niederzuschlagen (*Troupes Spéciales du Levant*), rekrutierte sie vor allem Alawiten. Entsprechend stellten diese nach der syrischen Unabhängigkeit 1946 auch die Mehrheit der Soldaten – die übrigen religiösen und ethnischen Gruppen kauften ihre Söhne vorzugsweise vom Militärdienst frei. Jeder Putsch oder Putschversuch ermöglichte es alawitischen Militärangehörigen, in der Hierarchie weiter aufzusteigen – bis der Assad-Clan schließlich die Macht ergriff.

Seine Machtbasis beruht wesentlich auf der Loyalität eines Großteils der Alawiten. Sie kontrollieren bis heute die Schaltstellen in der Armee und den zahlreichen Geheimdiensten. Hafis al-Assad war jedoch klug genug, seine Macht nicht allein auf Repression zu gründen. Vielmehr suchte er sie dauerhaft zu institutionalisieren, mit Hilfe der Baath-Partei und eines Parlaments, dessen Abgeordnete die Vorzüge einer engen Kooperation mit dem Präsidenten frühzeitig erkannten. Die staatlich gelenkten (Industrie-)Betriebe schufen über die Vergabe von Jobs und Karrierechancen zusätzliche Loyalitäten. In den 1980er Jahren ging Assad verstärkt auf die Sunniten zu. Er gab ihnen Führungspositionen in Staat und Gesellschaft, auch innerhalb des Sicherheitsapparates, und der Privatwirtschaft mehr Freiraum. Die einflussreichen sunnitischen Händler und Gewerbetreibenden in Damaskus und der Wirtschaftsmetropole Aleppo erhielten grünes Licht für Investitionen im In- und Ausland.

Was nicht heißt, dass die Beziehungen zwischen der alawitischen Macht- und der sunnitischen Wirtschaftselite frei von Spannungen gewesen wären. Insbesondere die Neigung ranghoher Funktionäre, erfolgreichen Unternehmern «Gewinnbeteiligungen» abzutrotzen oder sich bei staatlichen Ausschreibungen zunächst einmal selbst zu bedienen, sorgte für viel Unmut. Um zu verhindern, dass sunnitische Geschäftsleute über die Wirtschaft indirekt doch Einfluss auf die Politik nehmen, wurde in Syrien erst 2009 eine Börse eingeführt, an der nur wenige Titel gehandelt werden. Die *terms of trade* der Assad-Herrschaft sind bis Ausbruch des Krieges 2011 und letztlich bis heute weitgehend gleich geblieben: Wer nicht die Machtfrage stellte, konnte sich mit den bestehenden Verhältnissen arrangieren. Auch in religiöser Hinsicht durfte jede Glaubensgemeinschaft stets nach ihrer Façon selig werden, sofern die rote Linie, die Vorherrschaft der Alawiten, nicht überschritten wurde.

Ein Augenarzt wird Präsident

Nach dem Tod seines Vaters Hafis übernahm Baschar al-Assad, der in London studiert hatte, im Jahr 2000 die Macht. Zunächst galt der gelernte Augenarzt in der Bevölkerung als Hoffnungsträger. Der junge Herrscher, Jahrgang 1965, stand nunmehr an der Spitze eines Machtapparates, der sich mental seit Jahrzehnten kaum noch bewegt hatte. Seine Legitimation bezog dieser Apparat wesentlich aus der «Standhaftigkeit» im Konflikt mit Israel, der vor allem im Libanon ausgetragen wurde und wird. Aufgrund enger familiärer, ethnisch-religiöser und wirtschaftlicher Verflechtungen gilt das westliche Nachbarland in Damaskus bis heute als «Bruderregion», sprich als syrische Provinz. Erst 2008 tauschten beide Länder erstmals Botschafter aus, erkannte Syrien damit die Unabhängigkeit des Libanon offiziell an. Mit Ausnahme Algeriens ist keine andere arabische Nomenklatur in ihrem Denken dermaßen militaristisch geprägt wie die syrische. Gab es ein innenpolitisches

Problem, Regimekritik, Unruhen gar, so lautete die Antwort stets auf Repression und Gewalt. Von Hafis al-Assad stammt das Bonmot, mit 90 Prozent der Syrer gebe es keine Probleme. Für die Übrigen seien die Gefängnisse reserviert. Als die Muslimbrüder 1982 in der mittelsyrischen Stadt Hama den Aufstand wagten, wurde die Stadt eingekesselt, tagelang bombardiert und mit Artillerie beschossen. Am Ende war sie weitgehend zerstört, waren mehr als 20 000 Menschen tot. Danach herrschte Ruhe im Land. Bis 2011.

Baschar al-Assad hatte den Mut, dringend erforderliche Wirtschaftsreformen anzugehen. Syriens staatlicher Wirtschaftssektor, der im Gegensatz zur Privatwirtschaft nicht von Sunniten, sondern von alawitischen Funktionären kontrolliert wird, stand bei seinem Amtsantritt vor dem Bankrott. Von Globalisierung und Technologisierung war Syrien weitgehend abgeschnitten. Internet und Mobiltelefone gab es faktisch nicht, vor allem aus Sorge, Regimegegner könnten sich mit ihrer Hilfe organisieren.

Der neue Präsident setzte sich über alle Bedenken hinweg und öffnete das Land für neue Technologien. Gleichzeitig forcierte er die Privatisierung von Staatsbetrieben, reformierte er das auf dem Stand der 1950er Jahre stehengebliebene Banksystem, gab er den Wechselkurs der syrischen Landeswährung frei und beendete damit die jahrzehntelange Ära einer florierenden Schattenwirtschaft, von der in erster Linie alawitische Parteikader und sunnitische Händler profitiert hatten. Zahlreiche Privatschulen und private Universitäten wurden eröffnet. 2004 folgten die ersten Privatbanken und Versicherungsgesellschaften. Baschar al-Assad bemühte sich um gute Beziehungen zum nördlichen Nachbarn, der Türkei. Beide Länder schafften die Visumspflicht ab, was vor allem die Wirtschaft in Aleppo und Nordsyrien beflügelte. Die lange vernachlässigte Altstadt von Damaskus erlebte einen zweiten Frühling.

Alte arabische Paläste und Herrscherhäuser, vielfach dem Verfall preisgegeben, wurden aufwändig restauriert, in Hotels, Restaurants oder Boutiquen umgewandelt. Der Tourismus zog an, Syrien schloss ein Assoziierungsabkommen mit der Europäischen Union und beantragte seine Mitgliedschaft in der Welthandelsorganisation.

Nicht allein in Syrien, auch im Ausland war die Hoffnung groß, die wirtschaftliche Öffnung würde mit einer politischen einhergehen. Für einen kurzen Moment, 2001, sah es tatsächlich so aus. Der neue Staatschef ermutigte seine Landsleute, sich am öffentlichen Leben zu beteiligen. Als die in den Caféhäusern und Teestuben bislang unbekannte Redefreiheit allerdings einherging mit dem Ruf nach politischer Öffnung und Oppositionelle freie Wahlen und das Recht auf Gründung neuer Parteien verlangten, war die Grenze erreicht. Von 2002 an wurden Kritiker erneut ins Gefängnis geworfen oder mundtot gemacht. Teilweise durchaus in höflicher Form. So bestellte man sie zu Verhören ein, wo man ihnen nahelegte, in Ruhe abzuwägen, ob sie ihren Job zu behalten gedächten, in Freiheit mit ihrer Familie leben wollten – oder eben nicht.

Wurde Baschar al-Assad von seinem eigenen Machtapparat ausgebremst oder hat er selbst den politischen Reformprozess beendet, kaum dass er begonnen hatte? Unbestritten ist, dass er das Patronagesystem aus Günstlings- und Vetternwirtschaft, wie es für alle arabischen «Familienbetriebe» an der Macht charakteristisch ist, ohne nennenswerte Einschränkungen beibehalten hat. Größter Nutznießer der Privatisierungen war sein Vetter Rami Makhlouf. Der Oligarch kontrolliert, unter anderem, den Import von Luxusgütern und die Telekommunikation. Zwei weitere Stützen des Regimes sind sein jüngerer Bruder Maher, Kommandeur einer alawitischen Elitetruppe, die maßgeblich an der Niederschlagung der Unruhen 2011 beteiligt war, sowie sein Schwager Assif Schaukat, Generalstabschef und gleichzeitig Herr über die Geheimdienste. Er galt als stärkster Mann Syriens nach dem Präsidenten, bis er im Juli 2012 bei einem Anschlag getötet wurde.

Wer ernsthafte Reformen anstrebt, bemüht ein anderes Personal und betreibt eine andere Politik. Aber welche? Im Grunde ist ein System wie das syrische, in dem eine Minderheit über die Mehrheit herrscht, in diesem Fall Alawiten über Sunniten, nicht zu erneuern. Am Ende steht unweigerlich die Machtfrage. Demokratie in Syrien hieße, dass die Alawiten auf die Herrschaft verzichten oder sie wenigstens mit anderen teilen müssten. Das werden sie freiwillig kaum tun. Baschar al-Assad hat dieses Dilemma frühzeitig erkannt. Er reagierte, indem er seinem Sicherheitsapparat freie Hand ließ, Oppositionelle auch weiterhin hart anzugehen, während er selbst die Rolle des aufgeklärten Landesvaters einnahm. Telegen, freundlich und weltgewandt. Jawohl, wir müssen etwas unternehmen. Aber alles zu seiner Zeit.

Der neue Präsident war sich darüber im Klaren, dass sein anti-westlicher und anti-israelischer Kurs bei den Syrern gut ankam und somit zur innenpolitischen Legitimation beitrug. Ausgetragen wurde er, wie erwähnt, vor allem im Libanon. 1976 war die syrische Armee in die östlichen Landesteile des Nachbarlandes einmarschiert, im Zuge des dortigen Bürgerkrieges. 1982 revanchierte sich Israel mit der Besetzung Südlibanons, wo daraufhin die Schiiten Widerstand zu leisten begannen. Mit Hilfe Teherans entstand die Hisbollah, Partei Gottes, die im Jahr 2000 den bedingungslosen Rückzug der Israelis erzwang – auch mit Hilfe von Selbstmordanschlägen. Die Achse Hisbollah, Damaskus, Teheran entstand, und je fester sie wurde, umso mehr geriet das Assad-Regime in Washington und Israel ins Visier, ihr vermeintlich schwächstes Bindeglied. 2005 wurde der einflussreiche libanesische Politiker Rafik al-Hariri ermordet. Vor allem Washington und Paris machten syrische Geheimdienste für die Tat (mit-)verantwortlich und erwirkten eine UN-Resolution, die noch im selben Jahr zum vollständigen Abzug der syrischen Armee aus dem Libanon führte.

Das Assad-Regime machte aus der Not, dem erzwungenen Machtverlust, eine Tugend. Der Präsident stehe für Unabhängigkeit und Widerstandsgeist – anders als die übrigen arabischen Potentaten, die sich Washington und den Europäern andienten. In einem Interview mit dem «Wall Street Journal» forderte Assad seine arabischen Amtskollegen noch am 31. Januar 2011 zu mehr Freiheit und Liberalität auf. Er beklagte, dass die Zivilgesellschaft in Syrien nur schwach ausgeprägt sei, was seiner Regierung nur ein langsames Tempo bei der Umsetzung demokratischer Reformen erlaube. Ein Übergreifen der Protestwelle auf Syrien schloss er aus, da seine Politik die «Rechte der Araber» verteidige.

Der Aufstand beginnt

Doch es kam, inspiriert von den Revolten in Nordafrika, bereits im Januar und Februar 2011 zu ersten spontanen Protesten in Syrien, zumeist organisiert von kleinen Gruppen junger, überwiegend unerfahrener städtischer Aktivisten, die etwa auf soziale Probleme und die grassierende Korruption aufmerksam machten. In dieser Frühphase verlangten die Demonstranten mehrheitlich Reformen innerhalb des Systems, insbesondere eine Kontrolle des verhassten Sicherheitsapparates. Im März/April eskalierte die Lage, als die Sicherheitskräfte in Daraa, der Grenzstadt zu Jordanien, jugendliche Protestierer einsperrten, die regimefeindliche

Kein richtiges Leben im falschen

Graffiti an die Wände gemalt hatten. Als die Eltern versuchten, ihre Kinder wieder freizubekommen, reagierte die Polizei mit exzessiver Gewalt. Diese Bilder verbreiteten sich über das Internet und lösten in ganz Syrien Proteste aus, ohne jedoch die Ausmaße einer Massenbewegung wie in Tunesien oder Ägypten zu erreichen. In Damaskus und Aleppo blieben die Assad-feindlichen Kundgebungen auf die Außenbezirke beschränkt.

Das westliche Narrativ, die gesamte syrische Bevölkerung oder wenigstens doch die überwältigende Mehrheit hätte sich gegen Assad erhoben, ist eindeutig falsch. Ungeachtet aller Brutalität des Regimes haben sich bis heute, von Ausnahmen abgesehen, weder die religiösen Minderheiten, darunter Christen und Drusen, noch die einflussreichen sunnitischen Händler dem Aufstand angeschlossen. Dessen soziale Basis sind in erster Linie verarmte Sunniten, das Prekariat in den Großstädten, vielfach ehemalige Bauern, die infolge von Dürre landlos geworden sind, und Tagelöhner. Auch ohne gesicherte Zahlen ist die Annahme realistisch, dass rund die Hälfte der Syrer nach wie vor hinter Assad steht. Nicht aus Liebe zum Diktator, sondern aus Abwägung: Wer würde Assad denn nachfolgen, im Falle eines Regimewechsels?

Anstatt auf Deeskalation zu setzen, organisierten sich die Sicherheitskräfte in paramilitärischen Einheiten und Milizen, um die Unruhen besser niederschlagen zu können. Dabei wurden auch Artillerie und Kampfflugzeuge eingesetzt, Wohnviertel von Regimegegnern bombardiert sowie bewusst konfessionelle Spannungen geschürt, auch mit Hilfe von Morden und Massakern. Die Strategie war dieselbe wie 1982 in Hama: Die Lage befrieden ohne Rücksicht auf Verluste. Doch auch die Widersacher Assads setzten vielfach nicht auf Kompromisse, sondern auf Gewalt – und zwar von Anfang an.

Wie aber setzte sich die «Opposition» zusammen? Die Protestierer und Demonstranten in den Großstädten gingen eher spontan auf die Straße, landesweit vernetzt oder organisiert waren sie nicht. Weder hatten sie charismatische Anführer noch eine klare Agenda. Hätte das Regime die Demonstranten einfach gewähren lassen, wären die Proteste vermutlich ins Leere gelaufen. Doch die Militärmachthaber haben nie anders als im Rahmen von Unterdrückung und Gewalt gedacht. Im Verlaufe des Jahres 2011 versuchten engagierte Intellektuelle und Geschäftsleute vor allem in Damaskus sowie religiöse Würdenträger mäßigend auf die Konfliktparteien einzuwirken – ohne Erfolg. Nüchtern besehen gab und gibt es keine kohärente syrische «Opposition», weder damals noch heute, sondern eine Vielzahl sunnitischer Gruppen und Grüppchen, lose vereint in ihrer Ablehnung Assads. In den ersten Monaten des Aufstands suchten sie ihre Wohnviertel oder eine bestimmte Region zu verteidigen, wie auch das Regime entlang konfessioneller Bruchlinien.

Am 29. Juli 2011 gründeten sieben desertierte sunnitische Offiziere die «Freie Syrische Armee», FSA. Im August riefen einige Dutzend syrische Oppositionelle in Istanbul den «Syrischen Nationalrat» ins Leben. Ihr Ziel: die Opposition gegen Assad zu vereinen. Der Zusammenschluss verschiedener Interessensgruppen, darunter mehrerer Milizen einschließlich der FSA, einiger regionaler Verwaltungen und nicht zuletzt zahlreicher Exilsyrer, gelang aber nicht. Ungeachtet aller Unterstützung aus Washington, Brüssel und Berlin blieb die Exil-Opposition ein reiner Debattierklub, mehr mit sich selbst als mit Syrien befasst. Auch deswegen, weil ihre Anhänger, schätzungsweise drei- bis fünftausend, sehr unterschiedlichen Überzeugungen oder Ideologien anhingen, sofern sie einander nicht ohnehin aus ethnischen oder religiösen Gründen misstrauten. Am einflussreichsten innerhalb des «Nationalrates» waren die

Muslimbrüder. Um es noch einmal klar und deutlich zu sagen: Die westliche Wahrnehmung, die syrische «Opposition» verträte das gesamte oder auch nur nennenswerte Teile des syrischen Volkes, entbehrt jeder sachlichen Grundlage. Das entwertet nicht die Kritik der Oppositionellen am Regime – aber auch in freien Wahlen hätten sie kaum Chancen auf den Sieg.

Dessen ungeachtet empfehlen «liberale Interventionisten» hierzulande (das sind fast alle *opinion leader*) seit 2011 das folgende Vorgehen: Der Westen möge helfen, Assad zu stürzen – in welcher Form, auf welcher Rechtsgrundlage bleibt in der Regel offen –, woraufhin die syrische «Zivilgesellschaft» die Macht übernimmt und einen demokratischen Staat aufbaut. Ein historisches Beispiel für die Machtübernahme einer wie auch immer verfassten «Zivilgesellschaft» unter Kriegsbedingungen gibt es indes nicht. Ganz abgesehen davon, dass die damit gemeinten Kräfte in Syrien auch viel zu schwach wären, um die Machtfrage stellen zu können.

Aus dem Bürgerkrieg wird ein Stellvertreterkrieg

Die «Freie Syrische Armee» schaffte es nie, eine funktionierende Führungsstruktur auszubilden, und blieb letztlich ein loser Zusammenschluss verschiedener lokaler Gruppen, die sich einer zentralen Steuerung entzogen und deren Stärke im Westen eindeutig überschätzt wurde. Woher aber stammten deren Waffen? Zum Teil aus Armeebeständen, die gekauft, geplündert oder von Überläufern entwendet wurden. Vor allem aber aus den USA und der Türkei. Die ersten Belege für umfangreiche Waffenlieferungen an die Rebellen stammen vom Oktober 2011.[21]

Im Laufe des Jahres 2012 verlor die unter mangelnder

Disziplin und Führung leidende FSA gegenüber dschihadistischen Gruppen zunehmend an Boden. Einige ihrer Kämpfer liefen zu ihnen über, lokale Einheiten machten sich mehr oder weniger selbständig und benutzten das Label «FSA» nurmehr bei Bedarf.[22] Der unaufhaltsame Siegeszug der Dschihadisten hatte vor allem zwei Gründe: Der «Islamische Staat» im Irak füllte entschlossen das entstehende Machtvakuum im Osten Syriens. Andere Dschihadisten-Gruppen schossen wie Pilze aus dem Boden, bewaffnet und finanziert auch aus den Golfstaaten.

Hätten die ausländischen Assad-Gegner nicht massiv in die innersyrischen Entwicklungen eingegriffen, wäre der Aufstand wohl niedergeschlagen worden. Den Syrienkrieg mit all seinen dramatischen Folgen, den Hunderttausenden Toten, der beispiellosen Flüchtlingsbewegung und dem Terror radikaler Islamisten auch in Europa hätte es in dem Fall nicht gegeben. Der an dieser Stelle fällige Einwand des westlichen Narrativs, man habe den Menschen doch helfen müssen, ist naiv. Dieser Eingriff von außen hat die eigentliche Katastrophe erst maßgeblich ausgelöst. Und wer sollte die Macht in Damaskus im Falle eines Regimewechsels übernehmen? Auf diese Frage geben «liberale Interventionisten» meist keine Antwort, jenseits der Leerformel «Zivilgesellschaft». Auch die schlechten Erfahrungen nach dem Sturz von Saddam Hussein im Irak und Ghaddafis in Libyen scheinen auf ihre Überzeugungen keinen Einfluss zu haben.

Vielen gutwilligen, hilfsbereiten Beobachtern im Westen fällt die Einsicht schwer, dass der gesellschaftliche Rahmen für eine demokratische Erneuerung Syriens noch nicht gegeben ist. Der Aufstand kam mindestens zehn Jahre zu früh, er traf die Syrer unvorbereitet. Ihnen helfen zu wollen war möglicherweise gut gemeint, aber was folgte, war, mit Joseph Conrad gesprochen, «das Grauen». Nicht allein aufgrund der uferlosen Gewalt des Regimes, der gezielten

Zerstörung ganzer Städte, des Belagerns und Aushungerns gegnerischer Regionen. Auch nichtdschihadistische Rebellen haben systematisch Massaker begangen, an Alawiten, Regimeanhängern und sonstigen Gegnern.[23] Die Dschihadisten sowieso. Wohngebiete haben die «Säkularen» genauso rücksichtslos beschossen wie die Sicherheitskräfte. Die Mentalität der Kriegsparteien unterscheidet sich nur unwesentlich. Die Zerstörungswucht der Regierungstruppen ist allerdings ungleich größer, weil sie über schwere Artillerie und Luftwaffe verfügen.

Die westlichen Assad-Gegner und ihre Verbündeten hielten den Sturz Assads durch sein eigenes Volk für beschlossene Sache. Sie überschätzten die Stärke der «gemäßigten Opposition», deren Angehörige selten gemäßigt waren. Gleichzeitig unterschätzten sie die Bedeutung des konfessionellen Faktors erheblich. Sie glaubten, die Dschihadisten für ihre Zwecke instrumentalisieren zu können, übersahen aber deren Eigendynamik, ihren steten Machtzuwachs. Und sie haben nicht mit der Entschlossenheit Moskaus gerechnet, in Syrien die Konfrontation mit dem Westen zu suchen und seine Interessen entschlossen zu verteidigen. Entsprechend entsandte Russland «Militärberater», lieferte Waffen und Logistik, um den Sturz Assads zu verhindern. Den einmal eingeschlagenen Kurs korrigierten die westlichen Assad-Gegner allerdings auch dann nicht, als die Lage außer Kontrolle geriet. Bereits Mitte 2012 kämpften mehr als 3000 bewaffnete Gruppen, Grüppchen und Banden in Syrien um Macht und Einfluss,[24] wobei die Grenzen zwischen politisch motivierter und krimineller Gewalt fließend verlaufen. Die Zahl der größeren unter ihnen wird meist auf über 100 geschätzt.

Im Rückblick besehen sollten die Assad-Gegner einen hohen Preis für ihre Fehleinschätzungen bezahlen. Wie aber erklärt sich diese Obsession ausgerechnet mit Syrien?

«Oh mein Gott!»: Was eine Pipeline, Ghaddafis Waffen und Hillary Clinton mit Assad zu tun haben

Am 11. September 2012 griffen 100 bis 150 Dschihadisten das US-Konsulat im libyschen Bengasi und den etwa einen Kilometer von dem Konsulat entfernten Gebäudekomplex der CIA an. Dabei wurden, nach offiziellen Angaben, vier Amerikaner getötet, darunter Botschafter Christopher Stevens. Die Hintergründe des Angriffs sind Gegenstand zahlreicher Untersuchungsausschüsse in Washington gewesen und bis heute nicht geklärt, jedenfalls nicht öffentlich. Offiziell handelte es sich bei dem Konsulat um eine diplomatische Vertretung – in Wirklichkeit aber um einen geheimen Außenposten unter Federführung der CIA. Am Morgen nach dem Anschlag wurden etwa 30 Amerikaner aus Bengasi evakuiert, die meisten waren Angestellte des US-Geheimdienstes. Nach Angaben des State Department hatten sie die Aufgabe, in Libyen «gefährliche Waffen» aus den Beständen des im Jahr zuvor gestürzten Machthabers Ghaddafi «einzusammeln», damit sie nicht in die Hände von Terroristen fielen. «Einer der Gründe, warum wir und andere Regierungsbehörden in Bengasi präsent waren, ist genau das. Wir haben gemeinsam alle Anstrengungen unternommen, um so viele MANPADS (man-portable air defense systems, schultergestützte Flugabwehrraketen, ML) und andere gefährliche Waffen wie nur möglich sicherzustellen», gab Hillary Clinton, damals Außenministerin, im Januar 2013 bei einer Anhörung im Kongress zu Protokoll.

«Oh mein Gott!»

Die offizielle Erklärung, der Angriff sei eine Reaktion auf ein anti-islamisches, in den USA hergestelltes Hetzvideo («Innocence of Muslims»), überzeugte wenige. Warum aber tat sich das Weiße Haus so schwer, dauerte es Tage, den Terroranschlag als solchen zu bezeichnen? Um Hillary Clintons geplante Präsidentschaftskandidatur nicht zu gefährden? Den Republikanern keine Angriffsfläche zu bieten – Clinton hätte die Terrorgefahr unterschätzt? Oder ging es darum, das Thema CIA herunterzuspielen? Das State Department zu schützen, das als Deckadresse für ein «Spionagenest» herhalten musste? Und warum gab es keine Antwort auf die Frage, was eigentlich mit den «sichergestellten» und «gefährlichen Waffen» geschehe?

Die aus Bengasi evakuierten CIA-Agenten wurden angewiesen, kein Wort über ihre Tätigkeit in Libyen zu verlieren. Um sicherzustellen, dass keiner von ihnen mit Medienvertretern oder Kongressabgeordneten redet, mussten sie sich laut CNN alle paar Wochen einem Lügendetektor-Test unterziehen. «Sie können sich nicht vorstellen, welcher Druck auf jeden Einzelnen ausgeübt wird, der irgendetwas über die Operation weiß», zitiert der Sender einen Insider.[25]

Steit um Waffen

Nicht ohne Grund. Denn die US-Vertretung in Bengasi hatte im Wesentlichen nur eine Aufgabe: Waffen aus den Beständen Ghaddafis an syrische Rebellen zu liefern. Im September 2012 erstellte der militärische Geheimdienst DIA einen Lagebericht, der im April 2015 im Rahmen des «Freedom of Information Act» freigegeben wurde, wenngleich größtenteils geschwärzt.[26] Darin geht es um «vormaliges libysches Militärgerät, das vom Hafen Bengasi aus nach Syrien verschifft wird». Zu den Waffen, die allein

«Oh mein Gott!»

Ende August 2012 geliefert wurden, gehörten 500 Scharfschützen-Gewehre, 100 Granatwerfer mit 300 Runden Munition und 400 125 mm sowie 150 mm Projektile für Haubitzen. Seit dem Sturz Ghaddafis im Oktober 2011 bis Anfang September 2012 seien regelmäßig kleine Schiffe mit einem Fassungsvermögen von bis zu zehn Containern von Bengasi aus zu den syrischen Küstenorten Banias und Borj Islam ausgelaufen, wo sie von Gewährsleuten zügig entladen wurden. Michael T. Flynn, damals Chef der DIA und heute Nationaler Sicherheitsberater von Präsident Trump, dachte nach der Lektüre des Berichts: «Das war wie: ‹Oh mein Gott!› Waffenlieferungen in einem solchem Ausmaß hatten wir seit dem Ende des Vietnamkrieges nicht mehr.»[27]

Teilweise wurden die Waffen auch über die Türkei geliefert, vor allem über Iskenderun. Das mag erklären, warum das letzte Dienstgeschäft Botschafter Stevens' vor dem Angriff ein Treffen mit dem türkischen Konsul war, General Ali Şait Akin. Der ehemalige CIA-Offizier Clare Lopez bezeichnete die US-Aktivitäten in Bengasi als «gun running», Waffenjagd: «Die Regierungsleute kooperieren mit Gruppierungen vom Schlage Al-Qaidas in Libyen. Sie sammeln ein, stellen zusammen, kaufen zurück – Waffen aus den Depots Ghaddafis, die bei der Revolution in Libyen im Jahr zuvor verlorengegangen sind. Und so, wie es aussieht, werden die per Schiff gleich weiter expediert nach Syrien.»[28]

Unter der Überschrift «Syrische Rebellen streiten sich um Waffen aus der größten Schiffsladung aus Libyen» berichtete die Londoner «Times» am 14. September 2012 über die Löschung eines Frachters aus Bengasi in Iskenderun: «Das Schiff hatte mehr als 400 Tonnen Fracht geladen, darunter panzerbrechende Granatwerfer und SAM-7 Boden-Luft-Raketen, die syrische Quellen als *game changer* bezeichnen.»

Nach der Attacke auf das Konsulat beendete Washing-

«Oh mein Gott!»

ton den Waffenexport der CIA von Libyen nach Syrien. Die Waffenlieferungen auf dieser und anderen Routen gingen dennoch weiter, nunmehr unter türkischer Regie. Das Kriegsgerät für die Aufständischen kam nicht allein aus Libyen, sondern zunehmend auch aus den USA, Katar und Saudi-Arabien. Die Türkei ist dabei als Transitland von größter Bedeutung aufgrund der über 800 Kilometer langen Grenze mit Syrien. Waffenlieferungen über Jordanien und den Libanon erweisen sich als schwierig, da die dortigen Grenzgebiete weitgehend von der syrischen Armee kontrolliert werden. Der schiitisch dominierte Irak wiederum steht auf Seiten Assads, wie auch Teheran.

Wer diesen Angriff auf das US-Konsulat durchgeführt hat und warum, ist bis heute nicht bekannt. Im August 2013 bestätigten offizielle Quellen, dass in den USA geheime Anklage erhoben wurde gegen den Anführer einer ominösen Dschihadisten-Miliz in Libyen, Ahmad Abu Khattala, ebenso gegen einige andere Libyer. Im Juni 2014 wurde Abu Khattala von einer Spezialeinheit (Delta Force) in Bengasi entführt. Seither befindet er sich an unbekanntem Ort.

Pipeline-Pläne

Geopolitik erklärt, warum das Assad-Regime in Ungnade gefallen ist: Seine politische Nähe zu Moskau, Teheran und der Hisbollah. Von den Ränkespielen hinter den Kulissen, die sich daraus ergeben, erfährt die Öffentlichkeit in der Regel wenig. So gab das Golfemirat Katar im Jahr 2000 Pläne für den Bau einer Pipeline bekannt, die zehn Milliarden Dollar kosten und über 1500 Kilometer durch Saudi-Arabien, Jordanien und Syrien bis in die Türkei führen sollte. Katar teilt sich mit dem Iran das South Pars/North Dome Gasfeld, die weltweit größte Förderstätte für Erdgas.

Aufgrund der gegen den Iran verhängten Sanktionen, die bis 2015 in Kraft blieben, konnte Teheran kein Erdgas ins westliche Ausland verkaufen. Umso lukrativer erschien Katar das Geschäft. Bis heute erreicht dessen Erdgas den europäischen Markt nur in verflüssigter Form mit Tankschiffen. Die deutlich kostengünstigere Variante wäre der Bau besagter Pipeline. Katarisches Gas könnte dann über türkische Terminals in bereits bestehende oder neu zu erstellende Leitungen eingespeist werden und auf diesem Weg den europäischen Markt erreichen. Die Katar/Türkei-Pipeline, sollte sie je gebaut werden, würde den wirtschaftlichen und politischen Einfluss der sunnitischen Herrscherhäuser am Golf gegenüber Teheran stärken. Entsprechend wurden die katarischen Pläne in Washington umgehend begrüßt.

Und auch die Europäische Union, die rund ein Drittel ihres Bedarfs an Erdgas aus Russland bezieht, stand dem Projekt aufgeschlossen gegenüber. Der Bau der Pipeline hätte ein verstärktes Angebot auf dem Energiemarkt und somit fallende Gaspreise zur Folge – die Abhängigkeit von Russland würde sich verringern. Das gilt auch für die Türkei, den zweitgrößten Abnehmer russischen Erdgases nach der EU, die überdies von den Transitgebühren für das Erdgas aus Katar profitieren würde.

Es verwundert nicht, dass Moskau die Pipeline als existentielle Bedrohung ansieht. Mehr als zwei Drittel des russischen Erdgas-Exportes gehen in die EU. Alternativ schlug Russland den Bau einer «Islamischen Pipeline» vor, die von der iranischen Seite des Gasfeldes über Irak und Syrien in den Libanon führen soll. Damit würde der schiitische Iran auf Kosten der sunnitischen Golfstaaten gestärkt – aus Sicht Katars, Saudi-Arabiens, der Türkei, der EU und der USA völlig inakzeptabel.

Zufall oder nicht, diese Länder befinden sich sämtlich im

«Oh mein Gott!»

Lager der Gegner Assads. Jahrelang zogen sich die Verhandlungen über die Katar/Türkei-Pipeline hin. 2009 kam das endgültige Aus, als Assad erklärte, er werde ihrem Verlauf über syrisches Gebiet nicht zustimmen, «um die Interessen unseres russischen Verbündeten zu wahren».[29] Stattdessen wurde der Bau der «Islamischen Pipeline» vorangetrieben. Im Juli 2012, als der Krieg in Syrien auch Damaskus und Aleppo erreicht hatte, verständigten sich die Regierungschefs Syriens, Iraks und Irans auf ein «Memorandum of Understanding» für Investitionen in Höhe von 10 Milliarden Dollar – für den Bau der «islamischen» Pipeline-Variante.

Robert F. Kennedy junior, der Neffe von John F. Kennedy, glaubt anhand von geheimen Depeschen und Berichten der US-, der saudischen und israelischen Geheimdienste belegen zu können, dass kurz nach dem Aus für die Katar/Türkei-Pipeline die Entscheidung fiel, das Assad-Regime mit Hilfe eines sunnitischen Aufstands in Syrien zu beseitigen.[30] Dazu würde eine Äußerung von Roland Dumas passen. Der vormalige französische Außenminister erklärte im Juni 2013 im französischen Fernsehen: «2009 war ich in ganz anderer Angelegenheit nach London gereist, zwei Jahre vor Beginn der Gewalt in Syrien. Dort traf ich mich mit führenden britischen Regierungsbeamten. Sie gaben mir zu verstehen, dass sie etwas Größeres in Syrien planten … Großbritannien hatte damit begonnen, bewaffnete Kämpfer auf eine Invasion Syriens vorzubereiten.»[31] Dumas zufolge suchten seine Gesprächspartner auszuloten, ob Paris interessiert sein könnte, sich an diesen Plänen zu beteiligen. Doch ist der Konflikt in und um Syrien keineswegs allein auf das Pipeline-Projekt zurückzuführen. Vielmehr ist es Teilstück eines noch viel größeren geopolitischen Puzzles.

«Oh mein Gott!»

Klare Worte

Generalleutnant Wesley Clark war von 1997 bis 2000 Oberbefehlshaber der NATO in Europa und somit, 1999, auch Oberbefehlshaber der NATO-Streitkräfte im Kosovokrieg. Nach dem Ende seiner militärischen Laufbahn strebte er 2004 eine Präsidentschaftskandidatur für die US-Demokraten an, scheiterte aber in den Vorwahlen. Möglicherweise auch an seiner Freimütigkeit, für die der Elitesoldat bekannt ist. Im Oktober 2007 erzählte er anlässlich seiner Buchvorstellung «A Time to Lead: For Duty, Honor and Country» (Zeit zu führen: Im Namen von Pflicht, Ehre und Vaterland) in San Francisco: «Ich sagte also zu Paul, 1991 war das, Paul Wolfowitz war damals Staatssekretär im Pentagon, ‹Herr Staatssekretär, Sie müssen doch sehr zufrieden sein mit dem Erfolg unserer Truppen in der Operation Desert Storm.›» Desert Storm, Wüstensturm, bezeichnet die US-geführte Militäroperation zur Befreiung Kuwaits von irakischer Besatzung im Januar und Februar 1991. Im August 1990 hatte Saddam Hussein Kuwait erobern und annektieren lassen. «Paul sagte: ‹Nein, ehrlich gesagt nicht. Wir hätten weitermachen sollen, um Saddam Hussein loszuwerden ... Aber eines haben wir gelernt›, betonte er. ‹Wir haben verstanden, dass wir unser Militär im Nahen Osten einsetzen können und die Sowjets uns nicht aufhalten werden. Ich denke mal, dass wir noch fünf bis zehn Jahre Zeit haben, um unter den alten sowjetischen Klientelregimen aufzuräumen – Syrien, Iran, Irak. Bis dann die nächste Supermacht auf den Plan tritt und uns Grenzen setzt.›

Ich war ziemlich schockiert. Sinn und Zweck unseres Militärs war es demzufolge, Kriege anzufangen und Regierungen zu stürzen. Anstatt Konflikte zu lösen ging es darum, in anderen Ländern einzumarschieren. Mir ging auf,

«Oh mein Gott!»

dass die USA an eine Gruppe von Leuten mit einer klaren Agenda gefallen war: (Die Neokonservativen, ML) wollen, dass wir den Nahen Osten destabilisieren, das Unterste nach Oben kehren und auf diese Weise unter unsere Kontrolle bringen ... (Diese Leute, ML) können es gar nicht erwarten, das Thema Irak so schnell wie möglich zu erledigen, um anschließend Syrien ins Visier zu nehmen.»[32]

Hammer und Nagel

Bereits einige Monate zuvor, im März 2007, hatte Wesley Clark in einem Fernsehinterview eine weitere, ebenfalls sehr ernüchternde Innenansicht der Macht gegeben: «Etwa zehn Tage nach 9/11 war ich im Pentagon, um Verteidigungsminister Donald Rumsfeld und seinem Stellvertreter Paul Wolfowitz einen Besuch abzustatten. Anschließend ging ich eine Etage tiefer, um den Leuten vom Gemeinsamen Oberkommando, die für mich gearbeitet hatten, Hallo zu sagen. Einer der Generäle rief mich zu sich in sein Büro ... Er sagte: ‹Wir haben soeben beschlossen, den Irak anzugreifen.› Das war so um den 20. September 2001. Ich sagte: ‹Wir greifen den Irak an? Warum?› Er sagte: ‹Keine Ahnung. ... Sie haben einfach beschlossen, dem Irak den Krieg zu erklären. Ich denke mal, niemand weiß so genau, wie man mit den Terroristen am besten umgeht. Aber wir haben ein gutes Militär, und wir können Regierungen stürzen. Ich stelle mir das so vor: Wenn das einzige Werkzeug, das ich habe, der Hammer ist, dann muss ich eben dafür sorgen, dass jedes Problem wie ein Nagel aussieht.›

Einige Wochen später war ich wieder im Pentagon. Da war die Bombardierung Afghanistans bereits in vollem Gange. Erneut traf ich den besagten General. Ich fragte ihn: ‹Haben wir immer noch die Absicht, gegen den Irak

«Oh mein Gott!»

Krieg zu führen?› Er sagte: ‹Oh, es ist noch viel schlimmer.› Er nahm ein Blatt Papier von seinem Schreibtisch. ‹Ich denke, das kommt von oben.› Er meinte das Büro des Verteidigungsministers. ‹Ist gerade heute reingekommen›, sagte er. ‹Ein Memorandum, das beschreibt, wie wir sieben Länder in fünf Jahren ausschalten, angefangen mit dem Irak, weiter geht es mit Syrien, Libanon, Libyen, Somalia, Sudan. Als Höhepunkt zum Schluss ist dann der Iran dran.›»[33]

Die Ausführungen eines möglicherweise zornigen alten Mannes müssen nicht unbedingt der Schlüssel zum Verständnis amerikanischer Politik sein. Und doch sind sie in zweierlei Hinsicht bemerkenswert. Sie offenbaren mit schonungsloser Offenheit, was Macht in ihrem innersten Kern zusammenhält: Hammer und Nagel. Diese schlichte Weisheit setzt einen erhellenden Kontrapunkt zur allgemeinen Selbsterhöhung westlicher Politik, nämlich grundsätzlich «werteorientiert» zu sein. Mit Blick auf Washingtons damaliges Kalkül ist der Schlüsselsatz dieser, von Paul Wolfowitz: «Ich denke mal, dass wir noch fünf bis zehn Jahre Zeit haben, um unter den alten sowjetischen Klientelregimen aufzuräumen – Syrien, Iran, Irak. Bis dann die nächste Supermacht auf den Plan tritt und uns Grenzen setzt.»

Weder Syrien noch der Irak, geschweige denn der Iran waren jemals sowjetische «Klientelregime». Doch Wolfowitz erkennt das Machtvakuum nach dem Ende des Kalten Krieges, dem Untergang der Sowjetunion, dem Fall der Berliner Mauer. Wie gedenkt er damit umzugehen? Kooperativ, freundschaftlich gegenüber Russland? Im Gegenteil. Er will Beute machen, Claims abstecken. Bevor «die nächste Supermacht auf den Plan tritt und uns Grenzen setzt». Und genau das ist spätestens in Syrien geschehen. Dort erleben die USA die Grenzen ihrer Macht, weil Russland Syrien niemals aufgeben wird, ebenso wenig wie der Iran oder China.

«Oh mein Gott!»

Moskau hat das Projekt *regime change* in Afghanistan akzeptiert, weil die Taliban auch aus russischer Sicht eine Bedrohung darstellen. Beim Einmarsch in den Irak 2003 haben die Russen Kritik geübt, aber die Dinge zähneknirschend geschehen lassen. Die rote Linie wurde aus Moskaus Sicht jedoch 2011 in Libyen überschritten. Unter dem Vorwand, die libysche Zivilbevölkerung zu schützen, erwirkten die USA, Großbritannien und Frankreich ein «Schutzmandat» der Vereinten Nationen («responsibility to protect»). Moskau und Peking enthielten sich bei der Abstimmung über die Resolution 1973 im Sicherheitsrat ihrer Stimme. Kaum war sie verabschiedet, betrieb die NATO den Sturz Ghaddafis.

Dieser Vertrauensbruch erklärt die harte Linie Moskaus im Syrienkonflikt: Keinerlei faule Kompromisse mehr. Keine Flugverbotszone, keine Zugeständnisse an irgendeine Exil-Opposition. Syrien ist unser Hinterhof, genau wie die Ukraine. Den Machtspielen des Westens setzen wir unsere eigene Agenda entgegen. Es geht dabei ums Grundsätzliche – weniger um die drei Militärbasen, die Russland in Syrien unterhält. Es sind übrigens die einzigen Stützpunkte Russlands außerhalb des Gebietes der ehemaligen Sowjetunion. Zum Vergleich: Die USA unterhalten über 700 in mehr als 100 Ländern. Russland also fordert Amerika heraus, wie von Wolfowitz vorausgesehen. Wird Washington den russischen Machtanspruch anerkennen? Im Falle eines Neins kann es in Syrien brandgefährlich werden.

Die Kernaussage Wesley Clarks lautet: Sieben Länder in fünf Jahren. Das Memorandum, auf das er sich bezieht, beschreibt die Logik des *regime change*. Dass nicht sieben Regime in fünf Jahren, wohl aber drei in 15 Jahren plus Afghanistan ins Visier genommen wurden, entwertet nicht seine Aussage. Absichten und Pläne können sich ändern, im Verlauf ihrer Ausführung. Eine militärische Intervention

«Oh mein Gott!»

im Iran ist 2012 übrigens nur um Haaresbreite abgewendet worden, weil Präsident Obama zu Recht erkannte: In dem Fall explodiert die gesamte Region.

Die Achse des Bösen

Dass Syrien erneut ins Fadenkreuz Washingtons gerückt war, wurde spätestens 2003 ersichtlich. Die berühmte «Achse des Bösen», auf der Präsident Bush im Jahr zuvor Iran, Irak und Nordkorea verortet hatte, wurde nunmehr um Kuba, Libyen und Syrien erweitert. Damaskus wurde vorgeworfen, Terroristen zu unterstützen, gemeint waren Hisbollah und Hamas, sowie nach «Massenvernichtungswaffen» zu streben. Seit 1979 war Syrien wiederholt mit vergleichsweise moderaten Sanktionen der USA belegt worden, meist unter Verweis auf «Terror». 2005, nach der Ermordung des libanesischen Politikers Rafik al-Hariri, verhängten die USA und die EU erstmals umfangreiche Boykottmaßnahmen, unter anderem gegen den Erdölsektor.

Nach 9/11 hatte die US-Regierung eine allzu harte Gangart allerdings zunächst vermieden. Der Grund war die enge Kooperation der syrischen Regierung mit US-Behörden in allen Fragen, die Al-Qaida betrafen. Und natürlich ihre Bereitschaft, im Rahmen der unter Präsident Bush beliebten «extraordinary rendition» (außerordentliche, nicht legale Überstellung) entführte Terrorverdächtige in syrischen Gefängnissen «vernehmen» zu lassen. Der bekannteste Fall dürfte der Hamburger Mohammed Haydar Zammar gewesen sein, ein mutmaßlicher Drahtzieher der Terroranschläge vom 11. September 2001. Einige Wochen später wurde der gebürtige Syrer in Marokko festgenommen und von der CIA nach Damaskus überstellt, wo er intensiv «befragt» wurde und bis 2013 in Haft saß. Heute soll er in den Reihen des «Islamischen Staates» kämpfen.

Damals schrieb das «Time Magazine»: «Vertreter der USA in Damaskus schickten schriftliche Anfragen an Zammar über die Syrer, die wiederum Zammars Antworten übermittelten ... Vertreter der Bundesbehörden hielten diese Konstellation für vorteilhaft, da sie die US-Regierung davor bewahrte, für eine etwaige Folter in Haftung genommen zu werden, die die Syrer bei Zammar angewendet haben mochten.»

Der amerikanische Enthüllungsjournalist Seymour Hersh bezeichnet 2006 als «Schlüsseljahr». Nunmehr gelangte der Regimewechsel im Iran ganz oben auf die politische Agenda der Bush-Administration. Auch dessen Verbündeter Syrien sollte in diesem Zusammenhang verstärkt unter Druck gesetzt werden.[34] Im März 2008 ging Präsident Bush noch einen entscheidenden Schritt weiter. Er unterschrieb ein Dekret, das eine «beispiellose verdeckte Offensive» gegen den Iran einleitete, in enger Kooperation mit Saudi-Arabien. Von Libanon bis Afghanistan wurden nunmehr Geheimaktionen durchgeführt, bis hin zur Ermordung von Regierungsmitgliedern. Die Gegner Teherans erhielten Waffen und Geld. Ein Eckstein dieser Strategie: das syrische Regime zu destabilisieren.[35]

Ein Diplomat und was er so im Schilde führt

Vor diesem Hintergrund dürften die Depeschen der US-Botschaft in Damaskus zu verstehen sein, die die Enthüllungsplattform Wikileaks 2015 ins Netz stellte. In einem Schreiben vom 13. Dezember 2006 macht der damalige Geschäftsträger, William Roebuck, konkrete Vorschläge, wie das Regime am besten in die Knie zu zwingen sei –

wohlgemerkt fünf Jahre vor Beginn des «Arabischen Frühlings» auch in Syrien. In seiner Zusammenfassung schreibt Roebuck: «Die Schwäche Baschars besteht unserer Überzeugung nach darin, wie er auf bestehende Probleme reagiert, reale wie eingebildete. Etwa den Konflikt zwischen seinen wirtschaftlichen Reformschritten (wenngleich begrenzt) und den sehr einflussreichen Kräften der Korruption, die Kurdenfrage und die potentielle Gefahr für das Regime von Seiten durchreisender islamistischer Extremisten. Diese Depesche zeigt unsere Einschätzung dieser Schwachstellen auf und stellt Überlegungen an, mit welchen Taten, Aussagen und entsprechenden Signalen die US-Regierung darauf einwirken kann, dass sich die Wahrscheinlichkeit günstiger Gelegenheiten erhöht.»

Mit «durchreisenden islamistischen Extremisten» sind sunnitische Gotteskrieger auf dem Weg in den Irak gemeint – die späteren Kämpfer des «Islamischen Staates» und andere Dschihadisten. Es ist bemerkenswert, dass Roebuck darin eine «günstige Gelegenheit» sieht, im Sinne amerikanischer Interessen. Um die engen Beziehungen zwischen Damaskus und Teheran zu unterminieren, empfiehlt er «mit sunnitischen Ängsten vor iranischem Einfluss zu spielen»: «Es gibt Ängste in Syrien, dass die Iraner schiitische Missionsarbeit leisten und vor allem verarmte Syrer zum Schiitentum bekehren wollen. Obwohl diese Ängste meist übertrieben sind, gehören sie doch zur sunnitischen Gemeinschaft ...» Konkret schlägt er vor, mit den Botschaften Ägyptens und Saudi-Arabiens in Syrien ebenso wie mit deren Regierungen eng zusammenzuarbeiten, «um die regionale Aufmerksamkeit auf dieses Thema zu lenken».

Ende 2006, als Roebuck seine Überlegungen anstellte, war der entlang konfessioneller Bruchlinien geführte Krieg um die Verteilung von Macht und Ressourcen im benachbarten Irak bereits in vollem Gange. Er muss folglich ge-

«Oh mein Gott!»

wusst haben, dass sein Plädoyer für das «Spielen» mit den Differenzen zwischen Sunniten und Schiiten nicht allein die Destabilisierung des Assad-Regimes zur Folge haben, sondern gleichzeitig den Zusammenbruch jedweder staatlichen Ordnung in Syrien bewirken könnte – mit der Folge, dass anschließend dschihadistische Gruppierungen das Machtvakuum füllen.

Niemand behaupte, Roebuck sei ein unbedeutender Wirrkopf. Kein ranghoher Diplomat verfasst eine völkerrechtswidrige Anleitung zum Regimewechsel in seinem Gastland, ohne sicher zu sein, in der Heimat auf offene Ohren zu stoßen. William Roebuck hat in der Bush- ebenso wie in der Obama-Administration gedient, war nach Damaskus in Libyen und im Irak auf Posten und ist heute, zum Zeitpunkt des Erscheinens dieses Buches, als US-Botschafter in Bahrein tätig. Nichts deutet darauf hin, dass er aufgrund seiner Empfehlungen kritisiert worden wäre oder seine Laufbahn Schaden genommen hätte. Im Gegenteil, sie wurden weitgehend umgesetzt – was sicher nicht Roebuck allein zuzuschreiben ist. Vielmehr lieferte er eine Art Gebrauchsanleitung, die auf den fruchtbaren Boden ohnehin bestehender Überzeugungen fiel.

In besagter Depesche empfiehlt Roebuck weiterhin, die syrische Regierung durch entsprechende Provokationen zu «Überreaktionen» zu verleiten. Konkret schlägt er vor, dem in Ungnade gefallenen, in London lebenden ehemaligen syrischen Vizepräsidenten Abdul Halim Khaddam, einem Intimfeind der Assads, ein Forum zu verschaffen: «Wir sollten die Saudis und andere ermutigen, Khaddam in ihren Medien auftreten zu lassen und ihm reichlich Gelegenheit zu geben, die schmutzige Wäsche Syriens zu waschen. Wir dürfen daraufhin entsprechende Überreaktionen des Regimes erwarten, die es von seinen arabischen Nachbarn zusätzlich isolieren und entfremden dürften.» Und so geschah es. Khaddam war jahrelang ein gern gesehener Gast auf allen pro-saudischen Fernsehkanälen. Seine Botschaft: Es ist unmöglich, das Regime zu reformieren – es kann nur gestürzt werden.

Zu den weiteren Maßnahmen, die Roebuck nahelegt, gehören: das Streuen von Putschgerüchten, die Finanzierung der syrischen Opposition und die Einschränkung ausländischer Investitionen in Syrien, vor allem aus Saudi-Arabien und den Golfstaaten, und schließlich die Aufwertung der Kurdenfrage, «indem Menschenrechtsverletzungen öffentlich gemacht werden». Aus Depeschen der US-Botschaft in Saudi-Arabien aus dem Jahr 2009 geht hervor, dass Washington und Riad tatsächlich eng zusammenarbeiten, um Ängste der Sunniten gegenüber dem schiitischen Iran zu schüren. Zwar hält US-Botschafter Ford Fraker die saudische Dämonisierung Irans für übertrieben. Für einen Zusammenstoß zwischen saudischen Schiiten und saudischen Sicherheitskräften in Medina macht Fraker in einer Depesche vom 24. Februar 2009 nicht, wie die Regierung in Riad, den Iran verantwortlich, sondern wesentlich die Inkompetenz und Brutalität der Sicherheitskräfte. Das ändert aber nichts daran, dass die USA alle Versuche der syrischen Führung, die Beziehungen zu Washington zu verbessern, an eine unerfüllbare Bedingung knüpften: das Ende der guten Beziehungen mit Teheran. Nichts anderes verlangte auch Senator John Kerry bei seinem Besuch in Damaskus im Februar 2009.[36]

Dschihadisten machen mobil, unterstützt vom Westen

Schon fünf Jahre vor Beginn der Unruhen in Syrien also suchte die US-Regierung einen Regimewechsel in Damaskus herbeizuführen. Im Rückblick besehen scheint Wa-

«Oh mein Gott!»

shington zwischen 2006 und 2011 hinter den Kulissen an verschiedenen Schrauben gedreht zu haben, um das Assad-Regime in die Knie zu zwingen – ungeachtet der von Obama 2010 vorangetriebenen Neubesetzung des verwaisten US-Botschafterpostens in Damaskus. Einen Masterplan oder den Willen zum Showdown hatte Washington zu dem Zeitpunkt offenbar nicht, bis dann die innersyrische Gewalt 2011 neue Möglichkeiten der Einflussnahme eröffnete.
Im Rahmen des «Freedom of Information Act» wurden das US-Außen- sowie das Verteidigungsministerium im Mai 2015 angewiesen, eine Reihe von Geheimdienstdokumenten zu veröffentlichen. Vor allem ein Dokument der Defense Intelligence Agency von 2012 ist mehr als erhellend. Die DIA ist der militärische Nachrichtendienst der USA, die Dachorganisation der jeweiligen Spionageabteilungen von Armee, Marine, Luftwaffe und Marine Corps, der vier Teilstreitkräfte. Die CIA des Militärs, mit anderen Worten. Weite Teile des Dokuments vom 12. August 2012[37] sind geschwärzt. Die Botschaft ist dennoch unmissverständlich:

«Die allgemeine Lage:
A. (In Syrien, ML) geht die Entwicklung ganz eindeutig in eine konfessionelle Richtung.
B. Der Salafist (sic!), die Muslimbruderschaft und Al-Qaida im Irak sind die treibenden Kräfte des Aufstands in Syrien. (Al-Qaida im Irak meint offenbar den «Islamischen Staat», der aus AQI hervorgegangen ist – 2012 allerdings gab es AQI nicht mehr, ML.)
…
3B. Al-Qaida im Irak hat die syrische Opposition von Anfang an unterstützt, sowohl ideologisch wie auch mit Hilfe der Medien.
…
4D. In den westlichen Provinzen des Irak ist der Einfluss

von Al-Qaida im Irak in den Jahren 2009 und 2010 zurückgegangen. Nach dem Beginn des Aufstandes in Syrien begannen die religiösen und tribalen Kräfte in der Region, mit dem konfessionellen Aufstand (in Syrien, ML) zu sympathisieren. Diese Sympathie schlug sich in den Freitagspredigten nieder, wo Freiwillige dazu aufgefordert wurden, sich den Sunniten in Syrien anzuschließen.

...

7. Der weitere Verlauf der Krise:

A. Das Regime wird überleben und weiterhin syrisches Gebiet kontrollieren.

B. Die gegenwärtigen Ereignisse entwickeln sich zu einem Stellvertreterkrieg. Die Oppositionskräfte versuchen die östlichen Landesteile (Syriens, ML) zu kontrollieren (Hasaka und Deir as-Sor), die an die westlichen irakischen Provinzen grenzen (Mossul und Anbar) sowie an die Türkei. **Westliche Länder, die Golfstaaten und die Türkei unterstützen diese Bemühungen**. Die jüngsten Entwicklungen begünstigen das Entstehen von sicheren Rückzugsgebieten (safe havens) unter internationalem Schutz, ganz ähnlich der Entwicklung in Libyen, wo Bengasi (Rebellenhochburg im Osten, ML) zur Kommandozentrale der Übergangsregierung wurde.

...

8C. Wenn die Entwicklung so weitergeht, besteht die Möglichkeit, dass im Osten Syriens ein salafistisches Herrschaftsgebiet entsteht, ob es nun offen so benannt wird oder nicht (Hasaka und Deir as-Sor). **Und das ist auch genau das, was die externen Mächte wollen, die die Opposition unterstützen**[38] – in der Absicht, das syrische Regime zu isolieren, das als strategische Tiefe der schiitischen Expansion angesehen wird (Irak und Iran).»

«Oh mein Gott!»

Teile und herrsche

Im Klartext: Die politisch und militärisch Verantwortlichen in Washington – und mit ihnen die Verbündeten in Europa, der Türkei und den Golfstaaten – haben schon 2012 gewusst (oder hätten wissen können), dass der Aufstand in Syrien ganz gewiss nicht von der «gemäßigten Opposition» getragen wird, sondern von radikalen Islamisten. Die westlichen Assad-Gegner und ihre Helfer beteiligen sich aktiv an diesem Krieg – eindeutig völkerrechtswidrig ungeachtet der Frage, wie das Regime in Damaskus und dessen Taten zu beurteilen sind. Die böse Ironie dabei: «Das Regime wird überleben.» Wer dennoch fragwürdige Aufständische unterstützt, wird sich darüber im Klaren sein, dass er damit einen mörderischen Krieg mit Hunderttausenden Toten und Millionen Flüchtlingen befeuert und dem Vormarsch dschihadistischer Gruppierungen den Weg bereitet.

Aber genau das ist offenbar, «was die externen Mächte wollen, die die Opposition unterstützen»: Teile und herrsche. Vor allem in der Absicht, die «schiitische Expansion» einzuhegen, die sich übrigens wesentlich dem Sturz des sunnitischen Regimes unter Saddam Hussein 2003 verdankt. Danach übernahm die Bevölkerungsmehrheit der Schiiten im Irak die Macht, entsprechend vertieften sich die Beziehungen zum schiitischen Iran. Mit dieser ihrer antischiitischen Ausrichtung machen sich westliche Akteure nolens volens zum Gehilfen saudischer Interessen und lassen sich bereitwillig vor den Karren einer sunnitisch geprägten Machtpolitik spannen.

Lassen sich die Verantwortlichen in Washington bei ihren Entscheidungen tatsächlich von solchen Geheimdienstpapieren leiten? Wie bei der Depesche Roebucks gilt: Die-

«Oh mein Gott!»

ses DIA-Dokument steht im Einklang mit der offiziellen Politik, der Destabilisierung Syriens.

Klarsichtig erkennt der Verfasser des DIA-Dokuments, dass die Entwicklung im Land dramatische Auswirkungen auch für den Irak haben wird. Beinahe prophetisch sieht er das Entstehen eines «Kalifats» unter der Herrschaft des «Islamischen Staates» diesseits und jenseits der Grenze voraus:

> «8D. Die Verschlechterung der Lage hat negative Konsequenzen für die Lage im Irak, und zwar wie folgt:
> ...(geschwärzt) 1. Al-Qaida im Irak dürfte in die Lage versetzt werden, in seine alten Hochburgen Mossul und Ramadi zurückzukehren. (Was in der Tat geschah, ML.) Die Gruppierung wird gestärkt werden, indem sie den Dschihad im sunnitischen Teil Iraks und Syriens und unter den Sunniten in der übrigen arabischen Welt vereint, gegen den vermeintlichen Feind, die Abweichler. ISI (gemeint ist der «Islamische Staat», der nur an dieser Stelle des Dokuments unter diesem Kürzel auftaucht, ML) könnte auch einen islamischen Staat ausrufen, gemeinsam mit anderen Terrororganisationen im Irak und in Syrien, was eine große Gefahr darstellt mit Blick auf die Einheit des Irak und den Schutz seines Territoriums.»

Eine «große Gefahr», die offenbar sehenden Auges in Kauf genommen wurde: Zwei Jahre später, im Sommer 2014, rief der «Islamische Staat» tatsächlich sein «Kalifat» aus und riss symbolisch die Grenzanlagen zwischen Syrien und dem Irak nieder. Wer sich jemals die Frage gestellt haben sollte, warum die stärkste Militärmacht der Welt den Vormarsch des «Islamischen Staates» nicht verhindert hat: Dieses Dokument liefert die Antwort, jedenfalls eine entscheidende.

«Oh mein Gott!»

War der von Washington geduldete Vormarsch der Dschihadisten ein Mittel zum Zweck in der von Wesley Clark beschriebenen Absicht: «den Nahen Osten destabilisieren, das Unterste nach Oben kehren und auf diese Weise unter unsere Kontrolle bringen»? Haben eines oder mehrere Machtzentren der amerikanischen Regierung das Chaos in der Region bewusst in Kauf genommen oder sind sie von der Entwicklung selbst überrascht worden? Tatsache ist, dass der «Islamische Staat» erst ins Visier geriet, als er die USA und den Westen offen herausforderte. Ein «Kalifat» auszurufen – das ging zu weit, damit hatte der IS den Bogen überspannt. Erst danach, im August 2014, begannen die Amerikaner, Angriffe auf dessen Stellungen zu fliegen, nicht vorher. An der Unterstützung anderer, «pro-westlicher» Dschihadisten halten die USA und ihre Verbündeten allerdings ungebrochen fest.

Hillary Clinton packt aus

Wem noch immer der Glaube an die «Werteorientierung» westlicher Politik nicht abhanden gekommen ist, dem sei die Lektüre der folgenden E-Mail Hillary Clintons empfohlen, von Wikileaks ins Internet gestellt. Bekanntlich hat Clinton als Außenministerin einen Großteil ihres E-Mail-Verkehrs nicht über Regierungsserver abgewickelt, sondern über private E-Mail-Konten. Sie ist dadurch politisch massiv in Bedrängnis geraten, auch das FBI ermittelte. Warum ist sie dieses Risiko eingegangen? Vermutlich in der etwas naiven Annahme, damit Spuren zu verwischen, ungebetene Leser außen vor zu halten.

Am 31. Dezember 2012 schreibt Hillary Clinton (Subject: New Iran And Syria 2.Doc):[39]

«Der beste Weg, Israel zu helfen, mit den wachsenden

nuklearen Möglichkeiten Irans umzugehen, besteht darin, dem syrischen Volk zu helfen, das Regime von Baschar al-Assad zu stürzen ... Es ist die strategische Beziehung zwischen dem Iran und dem Regime von Baschar al-Assad, die es dem Iran ermöglicht, die Sicherheit Israels zu untergraben. Nicht durch einen direkten Angriff, den es in 30 Jahren Feindseligkeit zwischen dem Iran und Israel nicht gegeben hat, sondern indem dessen Stellvertreter im Libanon, wie die Hisbollah, vom Iran unterstützt, bewaffnet und ausgebildet werden, via Syrien. Das Ende des Assad-Regimes würde diese gefährliche Allianz beenden. Die israelische Führung versteht mittlerweile nur zu gut, warum die Niederlage Assads auch in ihrem Interesse liegt. In der vorigen Woche argumentierte Verteidigungsminister Ehud Barak in der Amanpour Show auf CNN, dass ‹der Sturz Assads ein schwerer Schlag für die radikale Achse, ein schwerer Schlag für den Iran wäre ... Syrien ist der einzige Außenposten iranischen Einflusses in der arabischen Welt .... Und das würde sowohl die Hisbollah im Libanon wie auch die Hamas und den Islamischen Dschihad in Gaza entscheidend schwächen.› ...

Assad zu beseitigen wäre nicht allein ein unermesslicher Segen für die Sicherheit Israels, es würde auch die verständlichen Ängste Israels mindern, sein nukleares Monopol zu verlieren. Im nächsten Schritt könnten sich dann die Vereinigten Staaten und Israel gemeinsam darauf verständigen, von welchem Punkt an die iranische Atomanreicherung so gefährlich wird, dass ein militärisches Eingreifen gerechtfertigt erscheint ... Kurzum, das Weiße Haus kann die Spannungen, die sich im Umgang mit Israel wegen Irans ergeben haben, abbauen, indem es in Syrien das Richtige tut ...

Die Rebellion in Syrien dauert nun schon länger als ein Jahr. Weder wird die Opposition verschwinden, noch wird

«Oh mein Gott!»

das Regime eine diplomatische Lösung von außen akzeptieren. Der syrische Diktator Baschar al-Assad wird seine Haltung nur unter der Androhung oder Anwendung von Gewalt ändern – wenn er begreift, dass sein Leben und das seiner Familie auf dem Spiel stehen.»

Es ist selten, dem Zynismus der Macht so unverblümt zu begegnen. Ausdrücklich empfiehlt Hillary Clinton in besagter E-Mail, «mit regionalen Verbündeten wie der Türkei, Saudi-Arabien und Katar zusammenzuarbeiten, um syrische Rebellen zu organisieren, zu trainieren und zu bewaffnen. Die bloße Ankündigung, dieses zu tun, würde höchstwahrscheinlich zu größeren Absetzbewegungen innerhalb der syrischen Armee führen. Von der Türkei und möglicherweise auch von Jordanien aus können US-Diplomaten und Beamte des Pentagon dann damit beginnen, die Opposition zu stärken. Das wird Zeit brauchen. Aber die Rebellion wird ohnehin lange andauern, ob mit oder ohne Beteiligung der USA.»

Zu den von Clinton in Aussicht gestellten Desertionen syrischer Soldaten ist es in den höheren Rängen, von Ausnahmen abgesehen, nicht gekommen. Auch in ihrer Einschätzung der russischen Haltung bewies sie fehlenden Sachverstand. Unter Verweis auf den Kosovokrieg argumentierte sie, dass Moskau «wenig mehr getan hat als sich zu beklagen», obwohl Russland «unleugbare ethnische und politische Bindungen zu den Serben unterhält». Im Falle Syriens seien solche «Bindungen» nicht gegeben. Folglich, so der kühne Analogieschluss, «werden russische Regierungsvertreter nicht im Weg stehen, wenn es zu einer Intervention (in Syrien, ML) kommt». Diese Ignoranz ist umso erstaunlicher, als Clinton Ende 2012 sehr wohl gewusst haben wird, wie verärgert Moskau und Peking über den Sturz Ghaddafis in Libyen waren. Denn die UN-Resolution 1973 vom 17. März 2011 zum Schutz der libyschen Bevölkerung war keineswegs als Freibrief für die NATO gedacht, einen weiteren Regimewechsel herbeizuführen. Clintons Unwillen oder Unvermögen, auch die Sichtweise Russlands sachlich abzuwägen, steht exemplarisch für westliche Hybris und verheißt nichts Gutes für die Zukunft.

Der «Islamische Staat»: Ein neuer Freund Israels?

Clintons Hinweis, der Sturz Assads liege auch in Israels Interesse, hilft die erstaunlichen Aussagen israelischer Militärs und Politiker mit Blick auf den «Islamischen Staat» einzuordnen. So erklärte der israelische Verteidigungsminister Moshe Jaalon mit Blick auf die Entwicklung in Syrien im Januar 2016: «Wenn ich zu wählen hätte zwischen dem Iran und dem ‹Islamischen Staat›, würde ich mich für den IS entscheiden.»[40] Unter der ungenannt bleibenden Voraussetzung, Assad werde gestürzt. Während der Iran «immer der Hauptfeind» bleibe, sei der «Islamische Staat» keine ernsthafte Bedrohung für Israel, zumal er in die Defensive gerate. Sollte also Damaskus an eine der beiden «Mächte» fallen, Iran oder IS, wäre der «Islamische Staat» die bessere Wahl. Die israelische Zeitung «Haaretz» zitierte einen ungenannt bleibenden ranghohen Offizier im Oktober 2014 mit den Worten: «Der Westen macht einen großen Fehler, indem er den ‹Islamischen Staat› bekämpft.» Damit würde er auf derselben Seite stehen wie die Hisbollah, der Iran und Assad: «Das ergibt doch keinen Sinn.»[41]

Zum Ende seiner Dienstzeit als israelischer Botschafter in Washington erklärte Michael B. Oren 2013 in einem Interview: «Der Bogen Teheran-Damaskus-Beirut ist (für Israel, ML) die größte Gefahr ... *Bad guys*, die vom Iran unterstützt werden, sind für Israel schlimmer als *bad guys*, die nicht von der Islamischen Republik unterstützt werden.»

Das gelte selbst für den Fall, dass die *bad guys* mit Al-Qaida liiert wären. «Natürlich wissen wir, dass es sich dabei um ziemlich üble Burschen handelt. Aber die größte Gefahr für Israel geht von dem strategischen Bogen aus, der sich von Teheran über Damaskus bis nach Beirut erstreckt. Und der wichtigste Baustein darin ist das Assad-Regime ... Deswegen sagen wir: Assad muss gehen.»[42]

Mit «Beirut» ist nicht die pro-westliche Regierung im Libanon gemeint, sondern die Hisbollah. Vor diesem Hintergrund wird verständlich, warum die israelische Armee verwundete syrische Rebellen, darunter Kämpfer der Nusra-Front und des «Islamischen Staates», auf den Golanhöhen medizinisch versorgt. Die Drusen auf dem israelisch annektierten Teil der syrischen Golanhöhen stehen aber auf Seiten Assads, wie auch die Drusen in Syrien selbst. Im Juni 2015 brachten Kämpfer der Nusra-Front mehr als 20 Drusen auf der syrischen Seite der Golanhöhen um. Daraufhin kam es zu Protesten der «israelischen» Drusen. Sie forderten die israelische Armee auf, ein weiteres Blutvergießen an ihren syrischen Glaubensbrüdern zu verhindern. Als kurz darauf ein Krankenwagen der israelischen Armee mit verwundeten Kämpfern, mutmaßlich der Nusra-Front, den Hauptort der «israelischen» Drusen, Majdal Schams, passierte, wurde er von einer aufgebrachten Menge angegriffen. Einer der Verletzten wurde dabei getötet.[43] Der drusische Parlamentsabgeordnete Akram Hasson von der konservativen Kulanu-Partei warf Verteidigungsminister Avigdor Lieberman im September 2016 vor, den «gnadenlosen Angriff» der Nusra-Front auf das syrische Drusendorf Hadir «unterstützt» zu haben, wobei es «Dutzende Tote» gegeben habe.[44]

Nach offiziellen Angaben sind allein bis Mitte 2016 mindestens 2000 verletzte Syrer in israelischen Krankenhäusern behandelt worden. Wie viele von ihnen Zivilisten sind und wie viele Dschihadisten, teilt die israelische Seite nicht mit. In ihrer großen Mehrheit dürfte es sich um Kämpfer handeln, ergänzt um einige Zivilisten zum Zwecke der Öffentlichkeitsarbeit. In westlichen, auch deutschen Medien ist über diese medizinische Hilfe wiederholt berichtet worden, wobei stets der humanitäre Aspekt im Vordergrund steht – Israel verhalte sich menschlich sogar gegenüber seinen Feinden. Das ist ohne jeden Zweifel löblich, aber die Hintergründe zu benennen, wäre gewiss kein Manko.[45]

Der Vollständigkeit halber sei erwähnt, dass die syrische Armee im April 2016 einen LKW mit hebräisch beschrifteten Waffen abgefangen hat, darunter Mörser, Handgranaten und Raketenwerfer. Das Fahrzeug sei auf dem Weg von der jordanischen Grenze zu Kämpfern des «Islamischen Staates» im Osten Syriens gewesen. Wie die israelischen Waffen «in die Hände jener gelangt sind, die den IS bewaffnen, war nicht unmittelbar herauszufinden», so der recherchefreudige Journalist der «Jerusalem Post».[46]

Unter Räubern: Die Amerikaner glauben an «gute» Dschihadisten

Kaum hatte der Krieg in Syrien Fahrt aufgenommen, entstand im Februar 2012 auf Initiative des französischen Präsidenten Sarkozy die «Gruppe der Freunde des syrischen Volkes»,[47] in der sich die Gegner Assads, der Westen, die Türkei und arabische Staaten, zusammenschlossen. Unter Federführung Washingtons suchten sie, Assad zu stürzen. Damaskus wurde, wie in solchen Fällen üblich, mit Sanktionen überzogen, Assad zur Unperson schlechthin stilisiert («Schlächter», «Hitler»). Im Juni 2013 beschlossen die «Freunde» bei einem Treffen in Katar, syrischen Rebellen «bessere Waffen» zu liefern, darunter panzerbrechende Waffen und schultergestützte Flugabwehrraketen, sogenannte MANPADS.[48] Nach welchen Kriterien welche Rebellengruppen welche Waffen erhalten, ist nicht bekannt: Die «Freunde» haben sich ausdrücklich zur Geheimhaltung verpflichtet.[49] Ebenso wenig haben sie jemals erklärt, wie sie verhindern wollen, dass von ihnen gelieferte Waffen in die Hände von Dschihadisten fallen – unterstellt, man sähe darin ein Problem. Unbestritten ist, dass der Waffennachschub maßgeblich über die Türkei erfolgt. Alles Weitere verliert sich im Nebel der Diskretion: Wer bezahlt die Waffen? Die Golfstaaten? Die USA, die Europäer? Wer hat das Oberkommando bei dieser Aktion, gibt es überhaupt eins? Ist die CIA das entscheidende Bindeglied?

Der Beschluss vom Juni 2013 legitimiert, unter Umgehung der Vereinten Nationen, den offiziellen Kriegseintritt der «Freunde» in Syrien. Allerdings handelt es sich dabei um eine Eigenlegitimation, die Neuauflage einer «Koalition der Willigen» wie beim Irakkrieg. Ein völkerrechtliches Mandat haben die Kriegsgegner Assads nicht. Dessen sind sie sich selbstverständlich auch bewusst. Um dieses Manko auszugleichen, geschieht zweierlei. Zum einen werden die Gräueltaten des Assad-Regimes und das Leid der Zivilbevölkerung wie etwa bei der Schlacht um Aleppo 2016 bei jeder sich bietenden Gelegenheit angeprangert: Militärisch in Syrien nicht einzugreifen, den Menschen nicht zu helfen, wäre gewissermaßen unterlassene Hilfeleistung. Die große mediale Resonanz von Veröffentlichungen wie etwa dem Buch «Codename Caesar», das 2015/16 in mehreren Sprachen erschien, ist vor diesem Hintergrund zu sehen. «Caesar» ist der Deckname eines ehemaligen Fotografen der syrischen Militärpolizei, der zwei Jahre lang die Tausenden Folteropfer des Assad-Regimes zu fotografieren gezwungen war. Selbstverständlich gibt es an solchen Grausamkeiten nichts zu beschönigen oder zu relativieren. Solange in den Folterkellern des Regimes von der CIA überstellte Häftlinge nach 9/11 «befragt» wurden, hat deren Existenz jedoch keinen der «Freunde» gestört.

Und zum anderen dient der Kampf gegen den «Islamischen Staat» als Generalabsolution und «Deckmantel», etwa für die Luftaufklärung. Er wurde, wie erwähnt, im August 2014 aufgenommen, nach Ausrufung des IS-Kalifats, und nach den Terroranschlägen in Paris im November 2015 noch intensiviert. Zwar sind die Luftangriffe auf Stellungen des IS in Syrien nicht gegen das Regime gerichtet, doch lenken sie ab von den übrigen Aktivitäten. Völkerrechtlich dürfte kein Flugzeug der Anti-IS-Koalition syrischen Luftraum ohne Einwilligung der Regierung in Damaskus nutzen. Die gibt es selbstverständlich nicht, nur kann das

Assad-Regime wenig dagegen unternehmen. Auch Moskau bombardiert Stellungen der Dschihadisten und sieht sich, sehr zum Unbill der USA, als «aktiver Teilnehmer» der Anti-IS-Koalition, wird aber in deren militärische Planungen nicht einbezogen. Unwillen erregt bei den Assad-Gegnern vor allem, dass die Russen nicht allein Stellungen des IS angreifen, sondern auch die von «pro-westlichen» Gotteskriegern.

Im April 2016 hat das Pentagon dem Oberbefehlshaber dieser Koalition, Generalleutnant Sean MacFarland, die Genehmigung erteilt, auf zivile Opfer weniger Rücksicht nehmen zu müssen. In Teilen der Einsatzgebiete sind «bis zu zehn getötete Zivilisten» bei Bombardierungen von IS-Stellungen «erlaubt».[50] Amnesty International warf dem Pentagon im Oktober 2016 vor, es gebe Belege für Hunderte getötete Zivilisten infolge von Luftangriffen gegen den IS, doch habe das US-Verteidigungsministerium auf die Vorwürfe nicht reagiert. «In vielen Fällen ist ein militärisches Ziel nicht zu erkennen, laut vorliegender Berichte waren die Opfer ausschließlich Zivilisten.»[51] Offiziell räumt die Anti-IS-Koalition den Tod von 173 Zivilisten für die Zeit von August 2014 bis November 2016 ein. «Airwars», ein in London ansässiger Zusammenschluss aus Journalisten und Wissenschaftlern, hält die Zahl für viel zu niedrig und spricht selbst von 1900 getöteten Zivilisten in Syrien und im Irak im genannten Zeitraum.[52]

Kriegsspiele

Besagtes Treffen in Katar, im Juni 2013, beendete die «anarchistische Phase» der Waffenlieferungen an die Rebellen, wie sie zuvor vor allem von Bengasi aus erfolgt waren. Damit war der Krieg in Syrien ganz offiziell ein Stellvertreterkrieg geworden. Folgerichtig hielt die «Gruppe der Freunde des syrischen Volkes» bei ihrem Treffen im Oktober 2013 in London fest: «Assad wird keine Rolle in einer zukünftigen Regierung Syriens spielen.»[53] Der Einfluss und die Interessen Russlands in Syrien wurden bei diesen Planspielen geflissentlich ignoriert.

Parallel entstand eine Exil-Opposition, zunächst «Syrischer Nationalrat» geheißen, dann «Nationale Koalition». Sie sollte die «gemäßigte Opposition» verkörpern, also ein pro-westliches, idealerweise säkulares Pendant zur hiesigen Parteienlandschaft. Von Januar 2012 an trafen sich bis zu 50 syrische Oppositionelle monatelang insgeheim in Berlin, um Pläne für die Zeit nach Assad zu schmieden. Das geheime Projekt mit dem Namen «Day After» wurde von der Stiftung Wissenschaft und Politik (SWP) gemeinsam mit dem United States Institute of Peace (USIP) organisiert. Die SWP ist eine Denkfabrik, die hauptsächlich vom Bundeskanzleramt finanziert wird, das USIP wiederum erhält sein Geld vom US-Kongress. «Das deutsche Außenministerium und das State Department helfen mit Geld, Visa und Logistik. Direkte Regierungsbeteiligung gibt es wohlweislich nicht, damit die Teilnehmer nicht als Marionetten des Westens denunziert werden können ... Die Debatte um Fluch und Segen militärischer Interventionen wird in Berlin bewusst ausgeklammert. Die Frage bei den Treffen lautet: Wie kann der Übergang zu einem demokratischen Syrien organisiert werden? Das unweigerliche Ende des Regimes wird schlicht vorausgesetzt, als eine Art Arbeitshypothese ... Unter beträchtlichem Aufwand wurden diskret Ex-Generäle, Wirtschafts- und Justizexperten sowie Vertreter aller Ethnien und Konfessionen – Muslimbrüder eingeschlossen, aber auch säkulare Nationalisten – aus der ganzen Welt eingeflogen.»[54]

Da wurde das Fell des Bären bereits verteilt, bevor er

überhaupt zur Strecke gebracht worden war. Dass sich die Bundesregierung auf das Projekt *regime change* in Syrien eingelassen hat, obwohl 2012 die Folgen ähnlich gelagerter Projekte in der Region nicht zu übersehen waren, offenbart politische Kurzsichtigkeit ebenso wie eine gewisse Vasallen-Mentalität. Dass es keinerlei völkerrechtliche Legitimation für den Sturz Assads gab und gibt – es spielte offenbar keine Rolle. Und wie konnte man ernsthaft annehmen, mit «bis zu 50 Oppositionellen» das Regime aus den Angeln zu heben?

Die Exil-Opposition verlor sich bald in Grabenkämpfen. Der Versuch, sich mit der «Freien Syrischen Armee» zu verbünden, scheiterte. Einige Exil-Oppositionelle gaben auf, andere wurden zu Sprachrohren saudischer oder katarischer Interessen. Nennenswerte Unterstützung in der syrischen Bevölkerung hatten sie nie. Ihre Aufgabe bestand vor allem darin, bei den beiden großen Syrien-Konferenzen der Vereinten Nationen, 2012 und 2014, den sofortigen und bedingungslosen Rücktritt Assads zu fordern. Im Dezember 2015 hob Saudi-Arabien eine neue Exil-Opposition aus der Taufe, nunmehr unter dem Namen «Hohes Verhandlungskomitee». In einer Grußbotschaft des amerikanischen State Department hieß es: «Wir begrüßen das positive Ergebnis des Treffens der syrischen Opposition in Riad und würdigen die breit aufgestellte und repräsentative Gruppe von 116 Teilnehmern.»[55]

Zur Erinnerung: Syrien zählt 23 Millionen Einwohner. Zu den Teilnehmern des Treffens gehörten verschiedene Fraktionen der «Freien Syrischen Armee» und mehrere Dschihadisten-Gruppen, darunter «Ahrar asch-Scham», «Die Freien Großsyriens», die syrische Variante der Taliban. Sie sind enge Verbündete der Nusra-Front, des Al-Qaida-Ablegers in Syrien. Die radikalen Islamisten beanspruchten acht der 15 zu vergebenden Sitze des Komitees, also die Mehrheit, und bekamen schließlich ein Drittel. Der Rest entfällt auf «Unabhängige», darunter zwei Frauen und ein Kurde. Nach welchen Kriterien die Saudis welche Syrer nach Riad eingeladen hatten, darüber lässt sich nur spekulieren. Zum Teil entstammen sie einflussreichen Stämmen oder Clanen, zum Teil dürften sie das Wohlwollen Riads genossen haben. Demokratisch gewählt wurde keiner von ihnen. Gleichwohl bekannten sie sich in der Abschlusserklärung zu politischem Pluralismus, Minderheitenschutz sowie freien und fairen Wahlen. Die «Ahrar asch-Scham» zogen sich, kaum berufen, aus dem Komitee zurück, beanspruchen aber weiterhin ihre Sitze. Die «Gruppe der Freunde des syrischen Volkes», die unter diesem Namen seit längerem nicht mehr auftritt, möglicherweise aus Scham, will mit dieser Truppe künftige Verhandlungen in Genf über die Zukunft Syriens führen. Was sollte da noch schiefgehen?

Auf der Suche nach Gemäßigten ...

Was nun die «gemäßigte Opposition» betrifft, so ist man sicher gut beraten, sie nicht ernster zu nehmen als der amerikanische Präsident. In einem Interview mit dem Kolumnisten der «New York Times» Thomas L. Friedman bekannte Obama im August 2014: «Der Vorstellung, dass wir da einer Opposition einige leichte oder auch schwere Waffen liefern, die sich im Wesentlichen zusammensetzt aus ehemaligen Ärzten, Bauern, Apothekern und so weiter, ist niemand ernsthaft gefolgt. Diese Opposition hätte ja gegen einen gut gerüsteten Staat bestehen müssen, der zusätzlich von Russland unterstützt wird, vom Iran, einer kampferprobten Hisbollah.» Obama räumte ein, dass seine Regierung große Probleme hatte, genügend säkulare syrische Rebellen ausfindig zu machen: «Es gibt da nicht so viel Kapazität, wie man sie gerne hätte.»

Für diese fehlende Kapazität gibt es einen einfachen Grund: die Sozialstruktur nicht allein Syriens, sondern der arabischen Länder insgesamt. Wie ausgeführt sind die bürgerlichen Mittelschichten bei weitem nicht stark genug, um als Motor des politischen Wandels den Bruch mit einer feudalistisch geprägten Gesellschaftsordnung zu vollziehen. Mit Ausnahme Tunesiens konnte sich die arabische Revolte genau deswegen auch nirgendwo durchsetzen. Die Kräfte der alten Ordnung, vertreten maßgeblich durch das Militär, haben sich als stärker erwiesen als die von der Jugend verkörperte Hoffnung auf einen Neuanfang. Feudalismus im arabischen Orient bedeutet vor allem die Dominanz von Gruppenidentitäten: Clan, Stamm, ethnische und/oder religiöse Gruppe.

Wer auf ein solches «Biotop» in der Absicht einwirkt, einen Regimewechsel herbeizuführen, bekommt am Ende nicht Demokratie, sondern Staatszerfall und Anarchie. Das geflügelte Wort von der «gemäßigten Opposition» war ohnehin nie mehr als Camouflage, im besten Fall Ausdruck von Wunschdenken. Und wer wäre denn auch ernsthaft an einer demokratisch verfassten Regierung in Damaskus interessiert? Dem Westen geht es um ein pro-westliches Klientelregime, den Türken um ein pro-türkisches, den Saudis um ein pro-saudisches, den Katarern um ein pro-katarisches.

Ob vorsätzlich oder aus der Not geboren – den *regime change* in Syrien sollen offenbar Dschihadisten besorgen. Der damit einhergehende Pragmatismus ist bemerkenswert: Egal, unter welchem Namen diese Dschihadisten auftreten – in der Sache unterscheidet sie nichts von Al-Qaida oder dem «Islamischen Staat». Das bedeutet, dass die USA Gruppierungen bewaffnen und mitfinanzieren, ohne die es

9/11 ebenso wenig gegeben hätte wie die zahlreichen Terroranschläge des «Islamischen Staates» in Europa, der Türkei und im Nahen Osten. Offiziell unterstützt Washington weder die Nusra-Front, also den Al-Qaida Ableger in Syrien, noch den IS. Doch sind Waffen und Geld erst einmal nach Syrien gelangt, kann niemand mehr deren Spuren verfolgen. Reihenweise sind etwa Kämpfer der «Freien Syrischen Armee», ausgebildet und bewaffnet von den Amerikanern, zu den Islamisten übergelaufen, in der Regel zum IS oder zur Nusra-Front. Im Streitkräfte-Ausschuss des US-Senats musste General Lloyd Austin im September 2015 einräumen, dass von den rund 5600 Rebellen, die mit Hilfe Washingtons in den zwölf Monaten zuvor ausgebildet worden waren, gerade einmal «vier bis fünf» im Einsatz seien. Die Übrigen seien desertiert oder hätten sich den Dschihadisten angeschlossen. Für dieses Ausbildungsprogramm hatte der Kongress 500 Millionen Dollar bewilligt, 60 Millionen sind tatsächlich ausgegeben worden. Zum Vergleich: Der Militäreinsatz Russlands in Syrien hat laut «Spiegel» im ersten Jahr (September 2015 bis September 2016) 830 Millionen Dollar gekostet.

Warum nennt sich die Nusra-Front (Nusra bedeutet Beistand, Hilfe) nicht Al-Qaida in Syrien? Vor allem wohl aus Rücksicht gegenüber der amerikanischen Öffentlichkeit. Die Nusra-Front ist ein Ableger von Al-Qaida im Irak, dem Vorläufer des IS. Finanziert wird sie maßgeblich aus Saudi-Arabien, aber auch aus der Türkei und Katar. Für Washington wäre es schwierig zu vermitteln, würden die syrischen Freiheitskämpfer unter dem Label Al-Qaida antreten. Das weiß man natürlich auch in Riad. Ähnlich wie der IS gehen auch die Kämpfer der Nusra-Front mit äußerster Brutalität gegen ihre Widersacher vor. Doch hat der Anführer der Nusra-Front, Mohammed al-Dschawlani, in zahlreichen Interviews versichert, man werde auf keinen

Fall westliche Ziele angreifen oder westliche Interessen gefährden. Da Washington die Nusra-Front dennoch als terroristisch einstuft, erschien es Riad offenbar ratsam, sie mit neuem Namen zu versehen: Seit Juli 2016 firmiert die Nusra-Front offiziell als «Dschabhat Fath asch-Scham», «Front zur Eroberung Großsyriens». Der Einfachheit halber wird sie im Folgenden weiterhin Nusra-Front genannt. Sie ist neben dem IS die stärkste der über 100 Dschihadisten-Gruppen in Syrien. Ihre genaue Zahl kennt niemand.

The good, the bad, and the ugly

Ideologisch passt kein Blatt Papier zwischen den IS und die Nusra-Front oder irgendeine andere der übrigen Dschihad-Fraktionen. Sie sind Rivalen im Kampf um die Macht und folgen einem unterschiedlichen Beuteschema – nicht mehr und nicht weniger. Vor diesem Hintergrund mutet es seltsam an, wenn etwa deutsche oder französische Innenpolitiker Vorschläge zu Integration und Terrorbekämpfung unterbreiten, die um emotional wirksame, in der Sache aber vollkommen irrelevante Fragen wie ein Burka- oder Burkini-Verbot kreisen. (Politiker, die Burka sagen, Vollverschleierung mit Gesichtsgitter, die es ausschließlich in Afghanistan und Pakistan gibt, meinen in der Regel den Nikab, eine Art Gesichtsmaske aus den Golfstaaten, die nur die Augen freilässt.)

Doch Washingtons Waffenbruderschaft mit den Dschihadisten anzuprangern, gilt offenbar als unhöflich und ist politisch nicht gewollt. Auch über die Folgen der von den USA und der Europäischen Union verhängten Sanktionen gegen Syrien ist öffentlich so gut wie nichts zu vernehmen. Im September 2016 veröffentlichte die «U. N. Economic and Social Commission for Western Asia» (Wirtschafts- und

Sozialkommission der Vereinten Nationen für Westasien) einen 40-seitigen Bericht über die Folgen der 2011 eingeführten Boykottmaßnahmen, der an Deutlichkeit nichts zu wünschen übrig lässt. Darin heißt es, dass sie «normale Syrer bestrafen und die Arbeit von Hilfsorganisationen fast unmöglich machen». Es handele sich um «einige der kompliziertesten und weitreichendsten Sanktionsbestimmungen, die je verhängt worden sind».[56]

Vor allem die USA hätten «außergewöhnlich harte Regelungen mit Blick auf die humanitäre Hilfe» getroffen. Waren und Güter, die mehr als zehn Prozent amerikanischen Produktionsanteil enthalten, dürfen nicht nach Syrien exportiert werden. Das betrifft auch Medikamente, Medizin und medizinisches Gerät. Hilfsorganisationen, die Ausnahmen beantragen wollen, müssen einen sehr aufwendigen und teuren Verfahrensweg einhalten. Die Folge: Das Gesundheitssystem in den von Damaskus kontrollierten Gebieten, von der türkischen bis zur jordanischen Grenze inklusive der Großstädte und der Mittelmeerküste, also von etwa 40 Prozent des Landes und drei Viertel der Bevölkerung, ist weitgehend zusammengebrochen, sofern es nicht durch den Krieg ohnehin zerstört worden ist. Wie schon bei den 1990 gegen den Irak, nach dem Einmarsch in Kuwait, verhängten Sanktionen, die bis zum Regimewechsel 2003 in Kraft blieben, richten sich die Zwangsmaßnahmen bewusst gegen die Zivilbevölkerung, offenbar in der irrigen Annahme, die würde sich daraufhin gegen das Regime erheben. Im Irak sind damals über eine Million Menschen wegen der fehlenden medizinischen Versorgung gestorben.

Wie zuvor im Iran hat Washington auch in Syrien den Bankensektor ins Visier genommen. Überweisungen von oder nach Syrien müssen genehmigt werden, wobei nicht klar ist, wie. Um nicht ins Visier der US-Bankenaufsicht zu geraten, lassen europäische Banken generell die Finger von Transaktionen in beide Richtungen. Auslandssyrer können ihre Familien in der Heimat folglich finanziell nicht unterstützen, nicht auf regulärem Weg. Die Folge: Inoffizielle und von niemandem kontrollierte «Wechselbüros» haben die Lücke geschlossen – was es wiederum dschihadistischen Gruppen wie dem IS oder der Nusra-Front erleichtert, ihre Geschäfte weitgehend unbehelligt im Dunkeln zu tätigen. Die Sanktionen schaden der Bevölkerung, nicht aber dem Assad-Regime und auch nicht den Dschihadisten. Das Mantra europäischer Innenpolitiker, man müsse den Terroristen den Geldhahn zudrehen, mutet vor diesem Hintergrund ähnlich sinnstiftend an wie die Burka-Debatte. In den von der «Opposition» kontrollierten Gebieten sind die Sanktionen 2013 teilweise aufgehoben worden – ob die Erleichterungen auch bei der Bevölkerung ankommen, ist schwer zu ermessen.

Während allein die USA jährlich Waffen im Wert von rund einer Milliarde Dollar nach Syrien liefern,[57] tragen die Sanktionen Washingtons und Brüssels erheblich zur Verschlechterung der Lebensbedingungen der meisten Syrer bei – was wiederum die Fluchtbewegung verstärkt. So haben die Sanktionen zu einer Verdoppelung der Benzinpreise innerhalb von 18 Monaten geführt, ist die Weizenproduktion seit 2010 um 40 Prozent eingebrochen. Gleichzeitig haben sich im selben Zeitraum die Preise für Mehl um 300 Prozent erhöht, für Reis um 650 Prozent. Ersatzteile für Wasser- oder Kraftwerke sind für die Behörden nur auf dem Schwarzmarkt erhältlich und häufig unerschwinglich. Reicht das Geld nicht, brechen die Versorgungssysteme schlichtweg zusammen. Viele Syrer sterben mittlerweile an verunreinigtem Wasser.[58]

Die «Freien» und die Freiheit

Doch zurück zu den Dschihadisten. Amerikanische Denkfabriken und Journalisten, die der US-Politik nahestehen, kritisieren nicht etwa den Schulterschluss mit den Radikalen, sondern heißen ihn im Gegenteil ausdrücklich gut: «Warum wir Al-Qaida brauchen», erklärt etwa der britisch-pakistanische Islamismus-Experte Ahmed Rashid im Juni 2015 in der «New York Review of Books». Er empfiehlt, die Nusra-Front als Gegengewicht zum extrem gewalttätigen «Islamischen Staat» und zum Assad-Regime aufzubauen. Denn die Nusra-Front morde nicht willkürlich wie der IS, kooperiere mit anderen Anti-Assad-Gruppen und bestehe hauptsächlich aus Syrern, im Gegensatz zum IS.

Ähnlich im Tonfall das Carnegie Middle East Center in Beirut, dessen Direktorin Lina Khatib im April 2015 festhält: «Nusras Pragmatismus und fortschreitende Evolution bedeuten, dass die Front ein Verbündeter im Kampf gegen den IS werden kann ... Nicht jeder mag deren Ideologie, aber im Norden Syriens wächst das Gefühl, sie sei die beste gegebene Alternative. Nusras Weltanschauung ist kleine Münze gemessen an dem hohen Gewinn, der aus der Front zu ziehen ist.»

Das Middle East Institute in Washington wiederum empfiehlt unter der Überschrift «Ja, reden wir mit Syriens Ahrar asch-Scham» im Juli 2015, diese syrischen Taliban nicht vorzuverurteilen. Gewiss, «Die Freien Großsyriens» hätten alawitische Zivilisten umgebracht und heilige Stätten der Christen entweiht. Aber es gebe auch ein Video, das zeige, wie ihre Kämpfer im April 2015 in Bedrängnis geratene christliche Priester in Sicherheit gebracht hätten. Außerdem würden sie auch mit säkularen Gruppen zusammenarbeiten.

Unter Räubern

Im Dezember 2015 besuchte Labib al-Nahhas Washington, der «Außenminister» der «Freien Großsyriens». Dort traf er sich mit Vertretern von Denkfabriken und politischen Lobbyisten. Einige Monate zuvor, im Juli, hatte die «Washington Post» einen Meinungsartikel aus seiner Feder veröffentlicht. Demzufolge handelt es sich bei den «Freien» um eine Art bewaffneter Pfadfinder, die für Freiheit und Demokratie eintreten. In Afghanistan und Pakistan gelten die Taliban als Terroristen. Ihr syrisches Pendant dagegen wird in Washington hofiert. Mehr noch, die «Ahrar asch-Scham» sollen einer der Hauptempfänger amerikanischer Waffenlieferungen sein.

Die Frage nach der Legitimität eines von außen forcierten Regimewechsels stellt sich den erwähnten Meinungsführern offenbar gar nicht erst. Die sich daraus ergebenden Konsequenzen, nämlich Massenflucht, Vertreibung, hunderttausendfacher Tod und großflächige Zerstörung, haben in ihren Überlegungen keinen Platz oder werden ausschließlich der Brutalität des Assad-Regimes zugeschrieben. Ihr grundlegender Irrtum liegt jedoch in der Annahme, islamistische Terrorgruppen ließen sich im Kampf gegen Assad dauerhaft als «nützliche Idioten» instrumentalisieren. Das aber ist nicht der Fall, wie auch deren Anschläge in Frankreich, Belgien oder Deutschland unterstreichen.

Schon der ägyptische Präsident Sadat glaubte, er könne die Nasseristen mit Hilfe von Islamisten aus Staat und Verwaltung verdrängen. Am Ende wurde er, 1981, von ihnen ermordet. Die Israelis wiederum wurden in den 1980er Jahren zu Geburtshelfern der Hamas – in der Absicht, damit die säkulare PLO zu schwächen. Das Ergebnis ist bekannt. Bislang ist noch jede stille Kooperation mit radikalen Islamisten am Ende auf ihre Urheber und Drahtzieher zurückgefallen, in Form von Terror und Gewalt. Ausnahmslos jede. Einmal abgesehen davon, dass die Länder, in denen

Washington den Schulterschluss mit Dschihadisten gesucht hat, heute chronisch instabil sind und Flüchtlingsströme ohne Ende produzieren, allen voran Afghanistan, Syrien, Libyen.

Die westliche Politik im Kampf gegen Assad ist weder kohärent noch durchdacht. Vor allem die Unterteilung in «gute» und «böse» Dschihadisten erweist sich in der Praxis als hochproblematisch. Im April 2013 hatte der EU-Ministerrat die bemerkenswerte Idee, das gegen Syrien verhängte Ölembargo für diejenigen Teile des Landes außer Kraft zu setzen, die unter Kontrolle der Aufständischen stehen. In der Absicht, so das Kommuniqué, «der Zivilbevölkerung und der Opposition zu helfen». In den Worten des deutschen Außenministers Guido Westerwelle: «Wir wollen, dass sich die von der Opposition kontrollierten Gebiete wirtschaftlich entwickeln. Die Menschen können so erkennen, dass es eine Alternative zum Assad-Regime gibt.» Der große Nutznießer dieser Eingebung wäre zunächst die Nusra-Front gewesen. Sie kontrollierte damals die meisten Erdöl-Förderanlagen im Osten Syriens, verlor sie aber in den darauffolgenden Monaten weitgehend an den IS. Auch deswegen wohl verzichtete die EU letzten Endes darauf, ihren eigenen Beschluss zu ratifizieren – in Kraft getreten ist er daher nicht.

Doch die bloße Ankündigung reichte, um einen regelrechten Wettlauf verschiedener Dschihadisten-Gruppen auf die Ölquellen Syriens auszulösen. Wer das Öl, das Wasser und die Landwirtschaft im Osten kontrolliert, besitzt dort die Macht. In Erwartung des wahrscheinlichen Geldsegens konsolidierten sich die kriminellen Netzwerke aus Schmugglern, Dschihadisten, Händlern und türkischen Sicherheitskräften. Bald lief der Export syrischen Erdöls über den Nordirak und die Türkei auf Hochtouren, EU hin oder her. Bilal Erdoğan, der Sohn des türkischen Präsidenten, soll maßgeblich in diese Geschäfte verwickelt sein. Berührungsängste gibt es dabei augenscheinlich nicht: Sowohl die Nusra-Front wie auch der IS verkaufen Erdöl an jedermann, auch an das Assad-Regime.

Wie der Dschihadismus zur Massenbewegung wurde

Woher aber kommen diese Gotteskrieger, die es vor 15 Jahren weder im Irak noch in Syrien noch in Libyen gegeben hat? Mit Blick auf ihre Entstehung sind sie im Wesentlichen *Born in the USA*. Die entscheidende Zäsur war der Sturz Saddam Husseins. Der Irak ist ein mehrheitlich schiitisches Land, wurde aber seit osmanischer Zeit von Sunniten beherrscht, bis 2003. Die amerikanische Besatzungsmacht sah keinen Anlass, religiöse, ethnische oder Stammesführer in einen «nationalen Dialog» für die Neuordnung einzubeziehen. Sie wollte so schnell wie möglich Wahlen abhalten und einer zumindest formell demokratisch legitimierten Regierung die Macht übertragen – als Hilfssheriff sozusagen. Dass eine Demokratie im Kontext von Staatszerfall, einer feudalistisch geprägten Gesellschaftsordnung, von ethnischen und religiösen Spannungen nicht bestehen kann, erst recht nicht als Instrument einer fortgesetzten, westlichen Kuratel-Politik, spielte dabei keine Rolle. Umso weniger nach Jahrzehnten der Diktatur, unmittelbar nach einem von außen erzwungenen Regimewechsel. Ein solches Vorgehen begünstigt den Aufstieg regionaler Warlords und die Verfestigung feudaler Strukturen.

Hatte Saddam Hussein das Land mit eiserner Faust zusammengehalten, zerfiel es nunmehr in die Herrschafts- und Einflussbereiche ethnischer (Kurden, Araber) oder religiöser Gruppen (vor allem Sunniten und Schiiten). Bei den ersten freien Wahlen 2005 siegten erwartungsgemäß schiitische Parteien. Leider bestimmte nicht der Gedanke an eine Teilung der Macht oder an Versöhnung deren Agenda, sondern der Wunsch nach Rache – für Jahrhunderte der Unterdrückung und der Gewalt durch sunnitische Herrscher. Gezielt und systematisch wurden die meisten Sunniten aus Führungspositionen in Staat und Verwaltung entfernt und von der Ressourcenverteilung ausgeschlossen.

Zu allem Überfluss hatte Paul Wolfowitz, der stellvertretende US-Verteidigungsminister, die irakische Armee per Dekret auflösen und die Baath-Partei als «kriminelle Vereinigung» verbieten lassen. Damit verloren Hunderttausende Iraker, überwiegend Sunniten, ihren Job und ihre Existenzgrundlage. Allerdings hatten die meisten von ihnen Waffen gehortet und wussten, wie man damit umgeht. Diese elementare Fehlentscheidung eines führenden Neokonservativen wurde zur Geburtsstunde des sunnitischen Widerstands gegen die US-geführte Besatzung und die neuen schiitischen Machthaber. Sie legte den Grundstein für Terror und Gewalt. Viele von Saddams ehemaligen Generälen und Offizieren und mit ihnen Abertausende Ex-Soldaten, Parteikader, Geheimdienstleute tauchten in den Untergrund ab. Sunnitische Extremisten verübten nunmehr Terroranschläge auf schiitische Märkte und Wohnviertel, schiitische Extremisten wiederum töteten wahllos Sunniten. Aus dem Chaos und der Gewalt erwuchs Al-Qaida im Irak, daraus wiederum, ab 2006, die Vorläuferorganisation des «Islamischen Staates».

Der IS verstand sich zunächst als rein irakische Gruppierung und entwickelte sich innerhalb von nur wenigen Jahren, 2006 bis 2010, zu einer schlagkräftigen Miliz und einem innerirakischen Machtfaktor. Dabei konnte er auf bereits vorhandene Strukturen zurückgreifen, jene von Al-Qaida, des Saddam-Regimes und der sunnitischen Stämme. Unter denen ist er bestens verwurzelt und vernetzt. Da er von Anfang an viel Geld aus den Golfstaaten erhielt, insbesondere von religiösen Stiftungen und reichen Einzelpersonen, und damit Waffen kaufen konnte, außerdem militärisch erfolgreich war, schlossen sich ihm mehr und mehr sunnitische Aufständische an. Nicht wenige Golfaraber sehen im IS einen «Rammbock» gegen die ihnen verhassten Schiiten und deren «Schutzmacht» Iran.

Erst der Irak, dann Syrien

Möglicherweise wären der IS und der gewaltbereite Dschihadismus eine innerirakische Erscheinung geblieben, hätte nicht der Krieg in Syrien neue Fronten eröffnet. Um die eigenen Kräfte nicht zu überdehnen, begannen sich die Truppen des Assad-Regimes 2012 aus den Grenzgebieten zur Türkei und zum Irak, den Halbwüsten- und Wüstenlandschaften im Osten Syriens, zurückzuziehen. Das Regime konzentrierte sich auf die Verteidigung der alawitischen Siedlungsgebiete, der fruchtbaren Landesteile und der Nord-Süd-Verkehrsachse. Das entspricht, wie erwähnt, in etwa einer Linie von der türkischen bis zur jordanischen Grenze mit den wichtigen Metropolen Aleppo, Homs, Damaskus und der Mittelmeerküste. Dadurch war im weiten Osten Syriens ein Machtvakuum entstanden, das zügig von radikalen Islamisten gefüllt wurde, dank amerikanischer, türkischer und golfarabischer Unterstützung. Assad seinerseits entließ mehrere Hundert islamistische Gewalttäter aus den Gefängnissen, die sich nun dem «Widerstand» anschlossen. Das Kalkül: *Return to sender* – meine Gegner werden mit ihnen noch viel Freude haben. Die unter westlichen Journalisten beliebte Behauptung, Assads Schachzug hätte die Dschihadisten überhaupt erst groß gemacht, ja sie erschaffen, ist allerdings eine grobe Übertreibung.

Der «Islamische Staat», der ursprünglich «Islamischer

Staat im Irak» hieß, eroberte weite Teile im Osten Syriens und nannte sich nunmehr «Islamischer Staat im Irak und Scham», Großsyrien. Die entsprechende Abkürzung, ISIS, wird auch heute noch vielfach verwendet, vor allem in englischsprachigen Medien. Die arabische Abkürzung, Daisch, bezeichnet dasselbe. Von Syrien aus führten die Gotteskrieger dann einen Großangriff auf die letzten sunnitischen Gebiete im Irak, die noch nicht unter ihrer Kontrolle standen. Die irakische Armee floh meist kampflos, so dass ihnen vor allem amerikanisches Kriegsgerät im Wert von fast einer Milliarde Dollar in die Hände fiel. Ihr Spiritus Rector, Abu Bakr al-Baghdadi, rief daraufhin im Juni 2014 in Mossul ein Kalifat aus, das beide Seiten der sunnitischen Siedlungsgebiete umfasste, in Syrien wie auch im Irak. Seither läuft ISIS unter der Bezeichnung «Islamischer Staat».[59]

Ohne den Krieg gegen den Terror, den Regimewechsel im Irak und den angestrebten Regimewechsel in Syrien hätte es diesen enormen Zuwachs an gewaltbereiten Islamisten nicht gegeben. Zur Erinnerung: Bei den Terroranschlägen vom 11. September 2001 zählte Al-Qaida einige Hundert Aktivisten. Heute rechnen die gewaltbereiten Dschihadisten nach Zehntausenden, ihre Anhänger nach Hunderttausenden. Überall dort, wo als Folge westlicher militärischer Interventionen Staaten implodieren, Milizen und Banden die Herrschaft übernehmen, die Bevölkerung kaum noch eine Zukunft für sich sieht, wächst deren Rückhalt, werden sie zu entscheidenden Machtfaktoren. Im zertrümmerten Libyen hat sich das aus dem Irak und Syrien bereits bekannte Szenario wiederholt, auch dort befindet sich der IS im Aufwind. Im Jemen wiederum profitiert vor allem Al-Qaida von der saudisch geführten und von den USA gebilligten Militärintervention gegen die Houthi-Rebellen. Al-Qaida kontrolliert mittlerweile den größten Teil Südjemens.

Unter Räubern

Die Luftangriffe der Anti-IS-Koalition sollten nicht zu dem Trugschluss verleiten, das Dschihadismus- und Terrorproblem ließe sich militärisch lösen. Das wäre nicht einmal dann der Fall, wenn es gelänge, das Kalifat des «Islamischen Staates» vollständig zurückzuerobern. Der IS ist wesentlich eine Guerillatruppe, die sich im Irak fast vollständig, in Syrien teilweise aus der einheimischen Bevölkerung rekrutiert. Nötigenfalls werden ihre Kämpfer in eben dieser Bevölkerung untertauchen und einige Zeit später den Kampf wieder aufnehmen, vielleicht unter anderem Namen. Sind staatliche Strukturen erst einmal zerschlagen, dauert es Jahre und Jahrzehnte, wenn nicht Generationen, bis eine neue und tragfähige Ordnung jenseits von Chaos und Anarchie erwächst. Bestand haben kann sie nur, wenn es für die Menschen eine Perspektive gibt, jenseits von Armut, Gewalt und Willkür. Daran ist nicht ernsthaft zu denken, solange die USA und ihre Verbündeten auch weiterhin Regimewechsel für ein legitimes Mittel zum Zweck eigener Machtpolitik halten. Auch die Kehrseite wird uns folglich noch lange Zeit erhalten bleiben: Terroranschläge und Flüchtlingsbewegungen.

> Das wäre eine Aufgabe für die EU statt die „Regime change - Politik" der USA zu stützen!

Chemiewaffen in Syrien: Wäre Washington beinahe Aufständischen auf den Leim gegangen?

Die Entscheidung Washingtons, nach dem Angriff auf das US-Konsulat in Bengasi im September 2012 die Waffenlieferungen der CIA an die syrischen Rebellen aus Libyen einzustellen, traf den türkischen Premierminister Erdoğan hart. Kaum waren die Unruhen Anfang 2011 ausgebrochen, hatte er seine Männerfreundschaft mit Assad beendet. Ähnlich wie die westlichen Assad-Gegner zeigte er sich überzeugt, der syrische Staatschef würde ebenso schnell stürzen wie Ghaddafi. Erdoğan träumte von einem türkischen Klientelregime in Damaskus, das pro-westlich wäre, aber in Ankara seinen natürlichen Verbündeten sehe, nicht in den Golfstaaten.

Es kam anders. Der Waffennachschub für die syrischen Rebellen erfolgt aber weiterhin über die Türkei, wobei der Militärflughafen in Ankara als zentrale Drehscheibe dient. Sowohl die Amerikaner wie auch die Golfaraber liefern neben den Türken Kriegsgerät, das mit Hilfe der CIA und ihres türkischen Pendants, des Nationalen Nachrichtendienstes MIT, an die Rebellen in Syrien weitergereicht wird. Auch die paramilitärische Gendarmerie ist involviert. Der MIT unterhält enge Beziehungen zu vielen dschihadistischen Gruppen,[60] bevorzugt zur Nusra-Front und zum «Islamischen Staat». Dorthin bestehen gute Kontakte zur ehemaligen Saddam-Generalität, die auf der Führungsebene des IS zahlreich vertreten ist. Türkische Journalisten, die über diese Waffenlieferungen berichten, riskieren ihre Verhaftung und ein Verfahren wegen Landesverrats. Am bekanntesten ist der Fall des ehemaligen Chefredakteurs von «Cumhuriyet», Can Dündar. Nachdem er 2015 geheime Dokumente über türkische Waffenlieferungen an syrische Dschihadisten veröffentlicht hatte, erstattete Erdoğan persönlich Anzeige gegen ihn. Er wurde zu fast sechs Jahren Gefängnis verurteilt, das Urteil im Berufungsverfahren aber zurückverwiesen an die erste Instanz. Ihn erwartet nunmehr eine lebenslange Freiheitsstrafe. Kurz vor dem gescheiterten Militärputsch im Juli 2016 hat sich Dündar nach Deutschland abgesetzt.

Spätestens Ende 2012 dürften die regionalen Assad-Gegner, vornehmlich die Türkei, Saudi-Arabien und Katar, erkannt haben, dass ein Sturz des syrischen Staatschefs in weiter Ferne lag. An keiner Front war den Dschihadisten ein entscheidender Durchbruch gelungen. Das Eingeständnis einer politischen Fehleinschätzung aber wäre gleichbedeutend mit einer Niederlage gewesen. Für Erdoğan kam hinzu, dass die Kurden im Norden Syriens ihren eigenen Staat zu errichten begannen, Rojava genannt – aus türkischer Sicht nicht hinnehmbar. In den USA selbst war das Meinungsbild gespalten. Während Außenminister John Kerry noch im April 2013 ein optimistisches Bild vom Vormarsch der Dschihadisten zeichnete, im offiziellen Sprachgebrauch Rebellen genannt, widersprach ihm General Martin Dempsey, der Oberbefehlshaber der US-Streitkräfte: «Es besteht die Gefahr, dass sich dieser Konflikt festläuft.»

Doch dann geschah es, der *game changer*, der fast zwangsläufig eine amerikanische Militärintervention in Syrien nach sich ziehen musste. Im August 2012 hatte Präsident Obama eine «rote Linie» gezogen: «Wir haben dem Assad-Regime ... die rote Linie sehr klar gemacht. Für uns ist sie dann gegeben, wenn wir mitbekommen sollten, dass größere Mengen chemischer Waffen bewegt oder angewendet werden.»

Saringas tötet Hunderte bei Damaskus

Fast auf den Tag genau ein Jahr später, am 21. August 2013, kam es zu zwei Giftgas-Angriffen auf Ghouta, einen sunnitischen Vorort südöstlich von Damaskus unter Kontrolle der Aufständischen. Die genaue Zahl der Toten ist nicht bekannt, die Angaben bewegen sich zwischen 281 und 1729 – je nach Quelle und Interessenslage. Als Urheber des Angriffs galt im Westen, in der Türkei und den Golfstaaten umgehend das Assad-Regime. Außenminister Kerry erklärte wieder und wieder, dafür gebe es klare Beweise – die er allerdings nie vorgelegt hat. Nunmehr waren die Glaubwürdigkeit Obamas und der westlichen Führungsmacht gefragt: Die «rote Linie» war ja offenkundig überschritten. In den Leitmedien, von der «New York Times» bis zur «Frankfurter Allgemeinen Zeitung», war man sich einig: Amerika müsse Assad endlich das Handwerk legen. Die Frage, woher die Bereitschaft westlicher Medien rührt, auch ohne genaue Kenntnis der Sachlage nach Kriegseinsätzen zu verlangen, wäre eine eigene Untersuchung wert. Präsident Obama jedenfalls, der sein Diktum tausendfach bereut haben dürfte, tat nicht, was von ihm erwartet wurde. Er drückte keinen roten Knopf, und das aus gutem Grund nicht.

Britische und amerikanische Agenten zeigten sich von vornherein skeptisch, dass die Giftgas-Kartuschen, die angeblich aus einem Gebiet unter Kontrolle der Regierung abgefeuert worden waren, tatsächlich von dort stammten. Dafür hatten die verwendeten Raketen nicht die nötige Reichweite. Der Verdacht lag somit nahe, dass nicht Assads Militär, sondern Aufständische für den Giftgas-Angriff verantwortlich waren. Dem britischen Geheimdienst war es gelungen, eine Probe des in Ghouta eingesetzten Giftgases

Sarin zu erhalten. Sie wurde im Wissenschaftszentrum des britischen Militärs in Porton Down, südwestlich von London, untersucht. Das Ergebnis war eindeutig: das eingesetzte Sarin entsprach keinem bis dato bekannten Giftgas aus den Beständen der syrischen Armee. Zwar verfügte auch sie über Sarin, aber in einer anderen chemischen Zusammensetzung. Der Oberbefehlshaber der britischen Streitkräfte informierte umgehend seinen US-Kollegen Martin Dempsey. Im Pentagon wuchsen die Zweifel über das Vorgehen der Regierung Obama, die in der letzten Augustwoche weitreichende Pläne zur Bombardierung Syriens ausgearbeitet hatte. In einer flammenden Rede am 30. August plädierte Außenminister Kerry ein weiteres Mal dafür, Assad zu «bestrafen»: «Es geht um die Glaubwürdigkeit und die künftigen Interessen der USA und unserer Verbündeten.» Der Dissens zwischen dem kriegslüsternen State Department und dem deutlich vorsichtigeren Pentagon erschien kaum noch zu überbrücken. Dempsey sah die Gefahr eines nicht mehr zu kontrollierenden Flächenbrands, denn weder der Iran noch Russland würden den Sturz ihres Verbündeten in Damaskus stillschweigend hinnehmen.

Unterdessen zeigte sich der saudische Botschafter in Washington, Adel al-Dschubeir, zuversichtlich, dass die Amerikaner nunmehr «zuschlagen» würden. Präsident Hollande signalisierte Frankreichs Bereitschaft, sich an dem geplanten Militärschlag gegen Syrien zu beteiligen, während Londons Premier Cameron am 29. August eine schwere Abstimmungsniederlage im Parlament hinnehmen musste. Auch er wollte in den Krieg ziehen, die Abgeordneten jedoch mehrheitlich nicht. Das Fiasko im Irak war noch nicht vergessen, und zumindest einige von ihnen dürften die Sarin-Untersuchungsergebnisse aus Porton Down ebenfalls gekannt haben. Einen Sturz Assads nach demselben Drehbuch wie bei Ghaddafi würde es somit nicht geben.

Leider kein Korbleger ...

Inmitten dieser Aufregung Ende August bekam Obama während des allmorgendlichen Briefings zur Sicherheitslage überraschend Besuch von James Clapper, dem obersten Chef sämtlicher US-Geheimdienste. Er machte den Präsidenten darauf aufmerksam, dass die Täterschaft Assads keinesfalls bewiesen sei. Wörtlich sagte Clapper: «This is not a slam dunk.» Ein *slam dunk* bezeichnet beim Basketball einen sicheren Korbleger von oben. Ganz offenkundig spielte er damit auf den Satz des ehemaligen CIA-Chefs George Tenet an, der im Vorfeld des Irakkrieges versichert hatte, Saddam verfüge über «Massenvernichtungswaffen»: «This is a slam dunk.»[61]

Wenn aber das Assad-Regime für den Giftgas-Angriff nicht verantwortlich war oder zumindest ernste Zweifel angebracht erschienen, wer war es dann? Als mögliche Urheber kommen auch die Aufständischen in Frage. Wollten sie die USA mit Hilfe eines Angriffs unter falscher Flagge zum aktiven Kriegseintritt drängen? Am 30. August standen fünf Arleigh-Burke-Lenkraketenzerstörer im Mittelmeer bereit und warteten auf den Angriffsbefehl zum Abschuss ihrer Tomahawk-Marschflugkörper. Mehrere B-52-Bomber auf verschiedenen Luftwaffenbasen waren ebenfalls startklar. Die gesamte militärische Infrastruktur Syriens sollte zerstört werden, Waffenlager ebenso wie Kasernen, Öldepots oder Stromtrassen. Das Land wäre in Grund und Boden gebombt worden. In dem Fall würde heute wohl entweder die Flagge der Nusra-Front oder des «Islamischen Staates» über den Ruinen von Damaskus wehen.

Doch wie aus heiterem Himmel machte Obama eine Wende um 180 Grad. Die Worte Clappers hatten ihre Wirkung offenbar nicht verfehlt. Am 31. August erklärte der

Chemiewaffen in Syrien

US-Präsident im Rosengarten des Weißen Hauses, das Assad-Regime sei zwar verantwortlich für die Giftgas-Attacke, doch habe er beschlossen, den amerikanischen Angriff zu verschieben. Zunächst solle dazu der Kongress befragt werden. Nicht einmal seine engsten Vertrauten hatte Obama über die Kehrtwende informiert. Entsprechend fassungslos fielen ihre Reaktionen aus, allen voran von der UN-Botschafterin Samantha Power, Außenminister Kerry und Hillary Clinton, den großen Wortführern des *regime change* in Syrien.

Auf die Frage, ob Assad überhaupt noch die Möglichkeit habe, einen amerikanischen Angriff abzuwenden, antwortete Kerry eine Woche später auf einer Pressekonferenz in London wie beiläufig: Ja, indem er seine Chemiewaffen unter internationale Kontrolle stelle und vernichten lasse. «Aber wir alle wissen, dass das nicht geschehen wird.» In dem Fall drohe Syrien ein «unglaublich kleiner Angriff», «sehr gezielt», «begrenzt», «wirklich unglaublich klein».

Keine Stunde nach Kerrys leicht derangiertem Auftritt erhob der russische Außenminister Sergej Lawrow die Wendung seines US-Kollegen, die syrischen Chemiewaffen vernichten!, in den Rang einer «ausgezeichneten Idee», und der gerade in Russland weilende syrische Außenminister Walid al-Muallim fügte umgehend hinzu, Damaskus folge gerne dem «weisen Ratschlag» aus Moskau. Auch UN-Generalsekretär Ban Ki Moon war voll des Lobes, und binnen Wochenfrist wurde ein Verfahren gefunden, das die Krise erst einmal entschärfte: Damaskus trat der Chemiewaffen-Konvention der Vereinten Nationen bei, legte Details und Standorte seines Chemiewaffenprogramms offen, woraufhin die Verifizierung durch UN-Inspektoren und bis Mitte 2014 die Sicherstellung, der Abtransport und die Vernichtung der Kampfstoffe im Ausland erfolgten. Mit diesem Modus hatte sich eine Abstimmung im US-Kongress über einen Angriff auf Syrien erübrigt, und Obama blieb die als sicher geltende Niederlage erspart.

Mehr oder weniger war das natürlich ein abgekartetes Spiel. Lawrow und Kerry hatten seit mehr als einem Jahr Gespräche über die syrischen Chemiewaffen geführt. Ursprünglich waren sie zur Abwehr eines israelischen Angriffs gedacht gewesen. Nun aber bestand die Gefahr, dass sie in die Hände von Dschihadisten fielen. Allerdings sahen sich weder Damaskus noch Moskau in der Lage, die Kosten für die Sicherung und Entsorgung dieser Waffen in Höhe von etwa einer Milliarde Dollar zu übernehmen. Das Problem war nunmehr vergleichsweise elegant gelöst worden.

Jedem seine Meinung

Der Giftgas-Angriff auf Ghouta und die Reaktionen darauf sind ein Lehrstück dafür, wie spielend leicht die Öffentlichkeit in einer so elementaren Frage wie Krieg und Frieden manipuliert werden kann – ohne auf nennenswerten Widerspruch zu stoßen. Wer wollte, konnte recht bald schon wissen, dass die Beweislage für Assads Täterschaft nicht eindeutig war, zumindest Zweifel angebracht erschienen. Trotzdem änderte sich nichts. Die Dinge zurechtzurücken, die der offiziellen Darstellung entgegenstehenden Fakten zu benennen, würde dem Wesen von Machtpolitik zuwiderlaufen – Washington hätte in dem Fall ja einräumen müssen, dass die vom Westen hofierten Dschihadisten für den schlimmsten Giftgas-Einsatz seit dem irakisch-iranischen Krieg in den 1980er Jahren verantwortlich sein könnten. Das damals eingesetzte Giftgas stammte übrigens wesentlich aus den USA, ergänzt um deutsche und französische Hersteller.

Die wenigsten Medien stellten kritische Fragen. So etwa

Chemiewaffen in Syrien

CBS News am 30. August 2013: «Assad wird Angriff mit chemischen Waffen in Syrien vorgeworfen, aber wo sind die Beweise?» Oder CNN am 22. August: «Das Leiden in Syrien ist offenkundig, aber die Ursache und die Urheber bleiben im Dunkeln.» Um die Schuld des Assad-Regimes zu beweisen, dienten vor allem fragwürdige Berechnungen der Raketen-Flugbahnen mit den Giftgaskartuschen. Die Schlussfolgerung lautete fast ausnahmslos: Von Assads Militärs abgeschossen. So auch in der «New York Times», die sich aber am 28. Dezember 2013 auf einer hinteren Seite von ihrer eigenen Berichterstattung in den Monaten zuvor vorsichtig distanzierte. Unter der Überschrift «Neue Studie erlaubt bessere Einschätzung des Sarin-Angriffs in Syrien» stellte sie die «Vektoren-Analyse» zweier Waffenexperten vor, die zunächst festhielten, dass Raketen der Bauart wie in Ghouta zuvor in Syrien nicht eingesetzt worden seien. Ihren Berechnungen zufolge spreche vieles für einen Angriff aus Rebellengebiet, wenig für eine Urheberschaft Assads.

Auch die Geheimdienste mischten mit. So meldete der britische «Guardian» am 28. August 2013, eine israelische Eliteeinheit habe Gespräche von syrischen Regimevertretern abgefangen, aus denen hervorgehe, dass Assad für den Angriff verantwortlich sei. Und der deutsche BND, der Saddam Hussein einst den Besitz nicht vorhandener «Massenvernichtungswaffen» bescheinigt hatte, erklärte nunmehr, man habe ein Gespräch zwischen einem hochrangigen Vertreter der Hisbollah und der iranischen Botschaft in Beirut abgehört. Der Hisbollah-Mann habe darin erklärt, Assad habe die Order zum Chemiewaffen-Angriff erteilt, und das sei ein großer strategischer Fehler gewesen. «Spiegel Online» titelte daraufhin am 2. September 2013 etwas voreilig: «BND fängt Beleg für Giftgaseinsatz durch Assad-Regime ab.»

Wer aber sind die tatsächlichen Urheber des Giftgasangriffs in Ghouta gewesen? Es gibt Spuren, die in Richtung Türkei und der Nusra-Front weisen. Die inhaltsreichste und umfassendste Recherche in diesem Zusammenhang stammt von dem US-Enthüllungsjournalisten Seymour Hersh. Es ist bezeichnend, dass keine amerikanische Zeitung oder Zeitschrift bereit war, die Erkenntnisse der Reporterlegende zu veröffentlichen. Stattdessen musste er auf die renommierte, aber nicht sehr leserstarke «London Review of Books» ausweichen, die im April 2014 seinen Artikel «The Red Line and the Rat Line» veröffentlichte, «Die rote Linie und die Rattenlinie». Darin wird auch über die Erkenntnisse aus Porton Down berichtet.

Hersh zufolge wussten die britischen und US-Geheimdienste bereits seit Frühjahr 2013, dass verschiedene syrische Rebellengruppen Chemiewaffen herstellten. Aus einem Briefing der DIA, des militärischen Pendants zur CIA, vom 20. Juni 2013 gehe hervor, dass die Nusra-Front eine eigene Abteilung zur Herstellung von Sarin unterhalte. In dem Papier heiße es weiter: «In der Vergangenheit hat sich die Arbeit der Geheimdienste fast ausschließlich auf die syrischen Chemiewaffen bezogen. Jetzt erkennen wir, dass die Nusra-Front ihre eigenen Chemiewaffen produziert. Ihre relative Bewegungsfreiheit innerhalb Syriens verleitet uns zu der Annahme, dass dergleichen Bestrebungen nur sehr schwer zu unterbinden sein werden.» Auch deswegen, weil die Nusra-Front in der Türkei und Saudi-Arabien über Helfer verfüge, um die erforderlichen chemischen Materialien zur Herstellung von Sarin zu erhalten: «In Mengen von jeweils einigen Dutzend Kilo, wahrscheinlich in der Absicht, in Syrien eine Produktion großen Ausmaßes zu betreiben.»

Schon im März und April 2013 war es zu mehreren Giftgasangriffen in Syrien gekommen, unter anderem auf das Dorf Khan al-Assal unweit von Aleppo mit 20 Toten. Um diese Angriffe zu untersuchen, hatten sich wiederholt UN-

Inspektoren vor Ort begeben. Ihre Ergebnisse teilten sie im Dezember 2013 mit, doch hatten sie kein Mandat, sich über die Urheber der Angriffe auszulassen. Offenbar gab es daran an entscheidender Stelle in New York kein Interesse. Auch die UN-Inspektoren, die sich zufällig in Damaskus aufhielten, als die Angriffe auf Ghouta erfolgten und die anschließend die Orte des Geschehens untersuchten, durften Ross und Reiter nicht benennen. Da das Gebiet um Khan al-Assal unter Kontrolle von Regierungstruppen stand, sind die Urheber des Angriffs vermutlich nicht auf Assads Seite zu finden.

«Sie werden gefeuert»

Um Missverständnissen vorzubeugen: Selbstverständlich ist dem Assad-Regime der Einsatz von Chemiewaffen zuzutrauen. Dennoch empfiehlt sich ein gesundes Misstrauen gegenüber offiziellen Darstellungen. Im August 2016 kam ein Bericht der UN-Organisation für das Verbot von Chemiewaffen (OPCW) zu dem Ergebnis, Regimetruppen hätten am 21. April 2014 und am 16. März 2015 in zwei Dörfern in der nordwestlichen Provinz Idlib Chlorgas eingesetzt. Der IS wiederum am 21. August 2015 unweit von Aleppo Senfgas. Darüber hinaus gebe es drei weitere Fälle von Giftgasattacken, die auf eine Urheberschaft der Regierung hindeuteten – warum, wird nicht ersichtlich. Die Reaktionen aber ließen nicht lange auf sich warten. So zeigte sich die US-Botschafterin bei den Vereinten Nationen, Samantha Power, «entsetzt» über die Ergebnisse – bei Chemiewaffen handele es sich um «ein barbarisches Werkzeug, das dem Gewissen der Menschheit zuwider ist». Wohl wahr, doch dürfte ihre Empörung zielgerichtet sein: Sie gehört zu den maßgeblichen Befürwortern eines Regimewechsels. Ähnlich nachvollziehbar die Reaktionen des britischen und des französischen UN-Botschafters, die beide weitere Sanktionen gegen Assad verlangten.

Wohlgemerkt, es kann alles genauso gewesen sein wie von der OPCW dargelegt. Politisch unabhängig allerdings ist die UN-Organisation, die 2013 den Friedensnobelpreis erhielt, mitnichten. Die «New York Times» beschrieb am 14. Oktober 2013, wie die Regierung Bush dafür Sorge trug, einen früheren OPCW-Direktor, den Brasilianer Jose Mauricio Bustani, 2002 zu entlassen. Er galt als Hindernis für die Kriegsvorbereitungen gegen den Irak. Bustani zufolge kam der Vorgänger Powers, John Bolton, in sein Büro gestürmt und teilte ihm mit: «Sie werden gefeuert.» Bustani: «Die Bush-Administration machte sich Sorgen, dass die Ergebnisse der Chemiewaffen-Inspektionen im Irak nicht mit ihrer Entscheidung im Einklang stehen könnten, gegen das Land Krieg zu führen.» Seit 2010 ist der türkische Diplomat Ahmet Üzümcü Direktor der OPCW. Differenzen mit der amerikanischen UN-Vertretung sind nicht bekannt.

Schmutziges Spiel

Im Mai 2013 wurden 13 Mitglieder der Nusra-Front unweit von Adana verhaftet. Die örtliche türkische Polizei teilte mit, man habe bei ihnen zwei Kilo Sarin entdeckt. Die 130-seitige Anklageschrift der Staatsanwaltschaft warf den Männern vor, auf Einkaufstour gewesen zu sein: unter anderem für Zündmechanismen von Granaten und chemische Substanzen, wie sie zur Herstellung von Sarin benötigt werden. Fünf der Inhaftierten kamen bereits nach wenigen Tagen wieder frei. Die Übrigen, darunter ihr Anführer, Haytham Qassab, für den die Staatsanwaltschaft 25 Jahre Haft gefordert hatte, wurden rechtzeitig vor Urteilsverkündung nach Syrien abgeschoben. Offenbar um die Spekulationen türkischer Medien über die Zusammenarbeit der Regierung Erdoğan mit den Aufständischen in Syrien zu beenden, erklärte der Botschafter Ankaras in Moskau, Aydin Sezgin, bei dem von der Polizei konfiszierten angeblichen Sarin handele es sich in Wirklichkeit um ein Frostschutzmittel.

Im Oktober 2015 warfen zwei Abgeordnete der oppositionellen CHP, Eren Erdem und Ali Şeker, der Regierung Erdoğan vor, alle Untersuchungen zur türkischen Beteiligung am Giftgas-Angriff auf Ghouta zu blockieren. Die Staatsanwaltschaft Adana habe Ermittlungen gegen mehrere Geschäftsleute eingeleitet, die Sarin aus der Türkei nach Syrien geliefert hätten, darunter auch den «Verbund der türkischen mechanischen und Chemieindustrie» MKE. Abgehörte Telefonate Haytham Qassabs würden belegen, «an welche Adressen die Raketen geliefert worden sind, die die Kartuschen mit dem Giftgas abgefeuert haben. Doch ungeachtet aller klaren Beweise sind bislang keine Verdächtigen festgenommen worden.» Die auch von Hersh erwähnten 13 syrischen Verhafteten seien nach offiziellen Angaben «aus Gründen der Terrorbekämpfung» wieder freigelassen worden. Erdem und Şeker bescheinigen der Regierung Erdoğan, vorsätzlich und bewusst eine Militärintervention Washingtons in Syrien provoziert haben zu wollen, mit Hilfe eines Angriffs von Dschihadisten. Der türkische Geheimdienst MIT sei über den Sarin-Schmuggel umfassend informiert gewesen.

Die auflagenstärkste türkische Zeitung «Zaman», die am ausführlichsten über die Vorwürfe der beiden Abgeordneten berichtet hatte, hielt es für ratsam, dies vorwiegend in ihrer englischsprachigen Ausgabe zu tun, «Today's Zaman». Da die Zeitung der Gülen-Bewegung nahestand, war sie bereits im Dezember 2014 Ziel einer Razzia der AKP-Regierung gewesen. Im März 2016 stürmte die Polizei

Chemiewaffen in Syrien

das Redaktionsgebäude in Istanbul, die Zeitung wurde unter Treuhänderschaft gestellt und auf Regierungslinie gebracht. Innerhalb von zwei Monaten fiel die Auflage von knapp 900 000 auf unter 3000. Nach dem gescheiterten Militärputsch im Juli 2016 wurden die meisten ehemaligen Mitarbeiter verhaftet, die Staatsanwälte in Adana ausgetauscht.

Die genannten Indizien legen den Schluss nahe, dass nicht das Assad-Regime für den Giftgas-Angriff auf Ghouta verantwortlich war, sondern die Nusra-Front, unter Regie der türkischen Regierung. Sollte das der Fall sein, wären die Ereignisse vom August 2013 ein mahnendes Beispiel für die Leichtfertigkeit, mit der Politik und Medien um beinahe jeden Preis an ihrer einmal eingeschlagenen Linie festhalten – und sei es um den Preis eines Kriegseinsatzes, der ohne weiteres auch einen Weltenbrand hätte auslösen können. Es ist allein der Umsicht Obamas zu verdanken, dass es nicht zum Äußersten gekommen ist.

Der Konflikt weitet sich aus: Die Assad-Gegner verlieren die Kontrolle – vor allem in der Türkei

Im Sommer 2013 waren sich der Militärgeheimdienst DIA und der ranghöchste Soldat der USA, Martin Dempsey, einig, dass ein Sturz Assads zu großem Chaos und der wahrscheinlichen Machtübernahme durch Dschihadisten führen würde. Von der Regierungslinie, auch weiterhin auf die «gemäßigte Opposition» zu setzen, sie mit Waffen und Geld auszustatten, hielt man im Pentagon wenig. Denn die Waffen fanden ihren Weg nach Syrien fast ausschließlich über die Türkei, und Ankara, so der Vorwurf, betreibe eine rege technische, logistische und militärische Zusammenarbeit mit allen Kräften der «Opposition», darunter die Nusra-Front und der IS. Mit dem Ergebnis, dass sich «die moderaten Kräfte in Luft aufgelöst haben», so der entsprechende DIA-Bericht. Die «Freie Syrische Armee» sei nur noch eine «Reste-Rampe», stationiert auf einer türkischen Luftwaffenbasis. Die Einschätzung war düster: Es gebe keine «gemäßigte Opposition», und die USA lieferten Waffen an Extremisten. Ankara wiederum unternehme viel zu wenig, um den Waffen- und Menschenschmuggel in Richtung IS zu unterbinden.

Der damalige Direktor der DIA, Michael T. Flynn, erzählte Seymour Hersh: «Wenn die amerikanische Öffentlichkeit denselben Einblick hätte wie wir (über das, was in Syrien geschieht, ML) – es gäbe einen Aufschrei der Empörung.» Angesichts der bisherigen Haltung nämlich: Weg mit Assad, ungeachtet der Folgen.[62]

Der Konflikt weitet sich aus

Der Giftgas-Angriff in Ghouta war für Obama vermutlich eine Art *reality check*. Spätestens in dem Moment wird ihm die große Kluft zwischen Wunsch und Wirklichkeit aufgegangen sein. Assad muss gehen, davon konnte von nun an keine Rede mehr sein, jenseits von Rhetorik. Das Zeitfenster für den «richtigen Moment» hatte sich unwiderruflich geschlossen. Schlimmer noch, der Krieg in Syrien, und eng mit ihm verwoben der im Irak, drohten außer Kontrolle zu geraten. Der intelligentere Teil der US-Administration, in diesem Fall das Pentagon, hatte im Gegensatz zu den *regime change*-Ideologen vornehmlich im Außenministerium verstanden, wie ernst die Lage war. Die USA sind in Syrien nur ein Akteur von vielen, mit ähnlichen Problemen. Keiner von ihnen ist stark genug, den Krieg zu gewinnen, und keiner von ihnen so schwach, ihn zu verlieren.

Für den Iran und die Hisbollah geht es in Syrien ums Ganze. Fiele Assad, käme ein sunnitisches Regime an die Macht, hätte die Hisbollah ein existentielles Problem. Der Nachschub an Waffen und Geld via Damaskus wäre in dem Fall beendet. Deswegen kämpft sie auch auf Seiten des Regimes. Ebenso wie der Iran, denn Assad und die Hisbollah sind neben den schiitischen Milizen im Irak und der Regierung in Bagdad die einzigen Verbündeten Teherans in der Region. Saudi-Arabien und die Golfstaaten würden im Fall seines Sturzes gemeinsam mit Israel die Politik im Nahen und Mittleren Osten bestimmen, in Absprache mit Washington. Das wiederum liegt nicht im Interesse Moskaus – nach jahrelangen Waffenlieferungen hinter den Kulissen hat Russland im September 2015 aktiv auf Seiten Assads in den Syrienkrieg eingegriffen, mit «Militärberatern», der Luftwaffe und Elitesoldaten. Nach Ghouta im August 2013 war das die zweite große Zäsur. Von da an ist es Assads Armee gelungen, die Dschihadisten langsam aber sicher zurückzudrängen, ohne sie jedoch besiegen zu können.

Da so viele Akteure von außen auf Syrien einwirken, mit teilweise rapide wechselnden Interessen und Allianzen, ist ein Ende des Krieges nicht in Sicht – ungeachtet wiederholter Ankündigungen von Feuerpausen oder Friedensplänen. Je länger er aber andauert, umso größer die Gefahr, dass die Instabilität in der Region endemisch wird und eine Krise nach der anderen hervorruft. Die großen Gewinner des Machtpokers um Syrien sind ohne jeden Zweifel die Dschihadisten. Sie mögen hier oder dort in die Defensive geraten, insbesondere der «Islamische Staat». Doch ist die Saat für ihre Langlebigkeit mit freundlicher Unterstützung der üblichen Verdächtigen so gründlich aufgegangen, dass sich Araber, Türken und Europäer dauerhaft an ihnen erfreuen dürften. Ein wahrer Jungbrunnen nicht zuletzt für die Rechtspopulisten in Europa.

Ankara geht einen gefährlichen Weg

Auch der große Verlierer steht unzweideutig fest. Die syrische Bevölkerung, gewiss – aber geopolitische Strategen interessieren sich nicht für die Schicksale von Menschen, Völkern oder Nationen. Nein, es ist die Türkei und namentlich ihr moderner Sultan Recep Tayyip Erdoğan. 2011, auf dem Höhepunkt der arabischen Revolte, galt die von der konservativ-islamischen AKP («Partei für Gerechtigkeit und Entwicklung») geführte Regierung in Ankara vielen Demonstranten als positives Rollenmodell. Die Türkei hatte das Image einer islamisch und demokratisch verfassten Republik, sie war wirtschaftlich erfolgreich und international geachtet. Eine naheliegende Alternative also zu den arabischen Alleinherrschern, die ihre Länder zugrunde gerichtet hatten und in der Regel nur durch Tod oder Putsch abtraten. Eine Alternative auch zum saudischen oder iranischen

Der Konflikt weitet sich aus

Staatsislam. Die AKP sah in den Muslimbrüdern in Ägypten, Tunesien und Palästina ihre natürlichen Verbündeten. Mit dem Krieg in Syrien aber vollzog die Türkei einen folgenschweren Kurswechsel.

Auf die Fehleinschätzung Erdoğans, Assad wäre in kürzester Zeit zu stürzen und durch ein pro-türkisches Regime in Damaskus zu ersetzen, ist bereits hingewiesen worden. Anstatt den Fehler zu korrigieren, hielt man in Ankara an dem einmal eingeschlagenen Kurs fest und ging mit den Dschihadisten gar einen faustischen Pakt ein, der auf Dauer keinen Bestand haben konnte. Heute fordert er seinen Tribut mit zahlreichen Terroranschlägen auch in der Türkei. Erdoğans neo-osmanische Träume haben sein Land an den Rand eines Bürgerkrieges geführt.

Der Weg in Richtung «Syrianisierung» der Türkei begann mit der Entscheidung Ankaras, den Amerikanern als Waffendrehscheibe für Dschihadisten zu dienen. Doch wuchs die türkische Regierung über ihre Rolle als bloßer Hilfspolizist schnell hinaus. Sie wurde Kriegspartei. Auch, indem sie mit Hilfe des «Islamischen Staats» Krieg gegen die Kurden im Norden Syriens zu führen begann. Dabei profitierte sie von ihren Kontakten zur alten Saddam-Generalität, die zahlreiche Führungsposten im IS innehat. Sichtbar wurde diese stille Kooperation 2014, als dessen Kämpfer monatelang die kurdische Stadt Kobane im äußersten Norden Syriens belagerten, beschossen und kurzzeitig eroberten. Die Stadt liegt direkt an der Grenze, doch verhinderten die türkischen Grenzsoldaten jeden Nachschub für die Kurden jenseits eines Mindestmaßes an humanitärer Hilfe. Auf Druck Washingtons durften schließlich einige Dutzend US-trainierte Peschmerga aus dem Nordirak von der türkischen Seite aus nach Kobane vorrücken.

Nach dem Ersten Weltkrieg hatten die neuen Herren im Nahen Osten, London und Paris, den Wunsch der Kurden nach Unabhängigkeit unberücksichtigt gelassen. Sie wurden vielmehr auf vier Staaten aufgeteilt: Syrien, Türkei, Irak, Iran. Die Kurden im Norden Iraks haben am meisten vom Zerfall des Landes seit 2003 profitiert. De facto stehen sie kurz vor ihrer Unabhängigkeit, die sie allein aus Rücksicht auf türkische Befindlichkeiten nicht verkünden. Wirtschaftlich sind diese Kurdengebiete eine Boomregion, dank ihres Erdölreichtums. Das Erdöl wird überwiegend über die Türkei verkauft, türkische Unternehmen gehören zu den größten Investoren im Nordirak.

Die Kurden sind keine homogene Gruppe, sie verfolgen jeweils sehr unterschiedliche Interessen und haben ihre Differenzen in der Vergangenheit oft genug auch gewaltsam ausgetragen. Vereinfacht gesagt gibt es unter ihnen zwei einflussreiche politische Strömungen. Eine feudalstaatliche, auf Stammesstrukturen beruhende, die im Nordirak den politischen Ton angibt. Und eine «sozialrevolutionäre», die mit der Religion ebenso gebrochen hat wie mit den traditionellen Stammesstrukturen. Sie wird vor allem von der «Kurdischen Arbeiterpartei» PKK verkörpert, die in der Türkei, Europa und den USA als Terrororganisation gilt.

Seit 1984 bekriegen sich Ankara und die PKK im Südosten der Türkei, dem historischen Siedlungsgebiet der Kurden, ohne Rücksicht auf Verluste. Mehr als 60 000 Menschen sind seither ums Leben gekommen. Die Kampfhandlungen fanden ein vorläufiges Ende, als die Regierung Erdoğan und die PKK 2005 ein Abkommen schlossen, unter Mitwirkung des seit 1999 in der Türkei inhaftierten PKK-Führers Abdullah Öcalan, das die Autonomierechte der Kurden regelt. Von türkischer Seite wurde es allerdings nur sehr langsam umgesetzt. Im Sommer 2015 beendete Erdoğan die Friedensgespräche mit der PKK. Seither geht die türkische Armee erneut mit außerordentlicher Brutalität gegen die Kurden im Südosten vor, wobei ganze Innenstädte in Schutt und Asche gelegt worden sind, etwa in Cizre oder Diyarbakir. Die Bilder von dort unterscheiden sich nicht von denen aus Aleppo oder Homs, finden sich aber deutlich weniger in westlichen Medien.

Die Kurden im Visier

Der Grund für Erdoğans Vorgehen ist Machtpolitik. Bei den Parlamentswahlen im Juni 2015 verlor die AKP neun Prozent der Stimmen und damit ihre absolute Mehrheit. Erdoğan, der nach zwei Legislaturperioden als Ministerpräsident nicht wiedergewählt werden konnte, ist seit August 2014 Präsident. Laut türkischer Verfassung kommt dem Präsidenten aber, ähnlich wie in Deutschland, eher eine zeremonielle Funktion zu. Erdoğan möchte das ändern und die Türkei in eine präsidiale Republik umwandeln, nach dem Vorbild Frankreichs oder der USA. Das geht nicht ohne Verfassungsänderung, für die es einer Zweidrittelmehrheit im Parlament bedarf. Die war nach diesem Wahlergebnis in weite Ferne gerückt.

Was machte Erdoğan? Er setzte auf Konfrontation und nahm vor allem die pro-kurdische HDP («Demokratische Partei der Völker») unter ihrem charismatischen Vorsitzenden Selahattin Demirtaş ins Visier. Ihr war mit 13 Prozent überraschend deutlich der Sprung über die Zehn-Prozent-Sperrklausel gelungen. Während der Krieg im Südosten wieder aufflammte und Anschläge das Land erschütterten, fiel es Erdoğan leicht, die HDP als Terrorableger der PKK zu geißeln. Gleichzeitig suchte er den Schulterschluss mit den Ultranationalisten der MHP, was nicht allein die Kurden, sondern auch die religiöse Minderheit der Aleviten provozierte. Koalitionsverhandlungen mit der kemalistischen CHP lehnte er ab. Obwohl die Regierungspartei AKP die gesellschaftliche Spaltung bewusst vorantrieb, gewann sie bei den Neuwahlen im November 2015 erneut die absolute Mehrheit.

Die Strategie der Konfrontation war aufgegangen. Erdoğan ist unbestritten der mächtigste türkische Politiker seit Staatsgründer Atatürk, ob mit oder ohne Verfassungsänderung. Was immer ihm opportun erscheint, setzt er mit Hilfe seiner Seilschaften durch. Sogar die Selbstentmachtung des Parlaments: Zwei Drittel der 550 Abgeordneten stimmten im Mai 2016 für die Aufhebung der Immunität von insgesamt 138 Parlamentskollegen quer durch alle Fraktionen – am stärksten traf es die HDP. Nach und nach wurden deren Vertreter daraufhin unter Terrorverdacht festgenommen, im Oktober 2016 auch die Parteiführung.

Nach ihrem ersten Wahlsieg 2002 war es der AKP gelungen, die Türkei, die am Rande eines Staatsbankrotts gestanden hatte, wirtschaftlich zu konsolidieren. Vor allem dank milliardenschwerer ausländischer, europäischer, Investitionen und einer deutlich neoliberalen Wirtschaftspolitik, die auf Großprojekte setzte und etwa in Istanbul gleich mehrere Stadtteile in kürzester Zeit aus dem Boden stampfte. Jahrelang kannte die türkische Wirtschaft nur eine Richtung: steil nach oben, mit jährlichen Wachstumsquoten zwischen fünf und zehn Prozent. Nicht einmal der Bankencrash 2008 schien Spuren zu hinterlassen. Auch in unteren sozialen Schichten kam der Aufschwung an – die Menschen hatten spürbar mehr Geld zur Verfügung. Deren Dankbarkeit erklärt die bis heute ungebrochene Popularität Erdoğans, ungeachtet der zunehmend verheerenden Folgen seiner Politik. Auch gilt er vielen weniger gebildeten Türken nicht allein in der Türkei als positives Rollenmodell: Erdoğan stammt aus einfachen Verhältnissen, hat es aber selbst bis ganz nach oben geschafft. In Schwellenländern ist häufig zu beobachten, dass die Sehnsucht nach

Der Konflikt weitet sich aus

Wohlstand und Status deutlich ausgeprägter sein kann als die nach Freiheit und Demokratie. Das gilt für die Türkei ebenso wie etwa für Russland. Erdoğan oder Putin, sie haben denen, die sich oft genug gedemütigt glaubten, ein Gefühl von Größe, Macht, Selbstwert vermittelt. Wer diesen psychologischen und gesellschaftlichen Faktor nicht erkennt, versteht weder türkische noch russische Befindlichkeiten.

Wie alle anderen Parteivorsitzenden in der Türkei auch führt Erdoğan die AKP als Pascha und Patriarch. Alle Entscheidungen werden von ihm getroffen, alle Posten von ihm besetzt, innerparteiliche Demokratie oder Wahlen gibt es nicht. Ganz ähnlich führt er auch das Land. Erdoğans Selbstwahrnehmung ist die eines gestrengen, aber gütigen Vaters, der am besten weiß, was seinen Landeskindern gut tut und was nicht. Wo diese nun Undankbarkeit zeigen, wie etwa bei den Gezi-Park-Protesten in Istanbul, im Mai und Juni 2013, empfindet er wenig mehr als Abscheu und Verachtung. Entsprechend wird mit aller Härte durchgegriffen: Wer nicht für ihn ist, ist gegen ihn.

Was will Erdoğan?

Oft wird der AKP vorgehalten, sie betreibe die Islamisierung der Türkei. Der Vorwurf ist nicht ganz falsch, wird aber gerne überhöht, vor allem von Nichtreligiösen. Keineswegs zieht es Ankara in Richtung «Gottesstaat». Das eigentliche Problem ist ein anderes, nämlich die «AKPisierung» des Landes. Das bedeutet, dass sich die meisten Führungspositionen in Staat, Verwaltung und Gesellschaft mittlerweile in den Händen von AKP-Leuten befinden. Kein Unternehmer bekommt einen öffentlichen Auftrag, der mit ihnen nicht gut vernetzt ist. Die AKP ist auf bestem Weg zu einer

«Staatsklasse», ausgestattet mit weitreichenden Privilegien wie etwa Dienstwohnungen für Spitzenkader. Die unteren Chargen dieser AKP-Welt brauchen immerhin den sozialen Abstieg nicht zu fürchten. Das System ist so gestaltet, dass es nur zwei Möglichkeiten gibt: Man gehört dazu, oder man gehört nicht dazu.

Etwa die Hälfte der türkischen Gesellschaft gehört dazu, zumindest emotional. Diese Hälfte bewundert und verehrt Erdoğan, folgt ihm mehr oder weniger bedingungslos. Die übrigen 50 Prozent sehen in ihm den Feind, den Verderber des Landes. Da die Opposition heillos zerstritten ist und ein breites Spektrum von links bis rechts, von religiös bis säkular, von kurdisch über alevitisch bis zu den Kemalisten umfasst, hat Erdoğan vorerst keine ernsthafte Konkurrenz zu befürchten. Ohnehin erscheint nur schwer vorstellbar, dass die neue AKP-Staatsklasse nach einer Wahlniederlage die Macht ohne weiteres wieder abgibt. Dafür hat sie viel zu viel zu verlieren.

Zu fürchten hat Erdoğan weniger seine innenpolitischen Gegner als einen anhaltenden wirtschaftlichen Abschwung. Der allerdings schreitet zügig voran. Klientelpolitik ist kostspielig, und zuletzt boomte nur noch die Baubranche. Die harte Landung zeichnet sich ab: In Istanbul etwa stehen ganze Straßenzüge mit Luxusimmobilien leer, weil die Käufer aus Russland und den Golfstaaten ausbleiben. Die sich häufenden Terroranschläge wiederum sind Gift für den Tourismus und ausländische Investitionen.

Aus Partnern werden Todfeinde

Erdoğan und die AKP haben die Polarisierung der Gesellschaft vorangetrieben wie kaum eine Regierung vor ihnen. Neben der Kurdenfrage ist dabei die Macht- und Ressourcenverteilung von zentraler Bedeutung – womit wir beim Thema Gülen-Bewegung wären. Sie ist im Kern eine konservativ-islamische Bewegung, die in den 1970er Jahren von dem heute in den USA lebenden Prediger Fethullah Gülen ins Leben gerufen wurde. Hervorgegangen ist sie aus einem ehemaligen Orden religiöser Mystiker. Die Gülen-Bewegung ist gleichzeitig Elite-Netzwerk und Bildungsprojekt, sie setzt Glauben und Ethik in eins. Als Ideal gilt der gut ausgebildete, ehrgeizige, fromme Muslim, der wirtschaftlichen Erfolg mit gesellschaftlichem Engagement verbindet.

Das klingt erst einmal gut, doch zeigt sich die Bewegung sehr verschlossen, was ihre inneren Strukturen anbelangt. Sie gilt als äußerst konservativ und hat weder für linke noch für kurdische Parteien die geringste Sympathie. Den Militärputsch in der Türkei 1980 hat sie ausdrücklich begrüßt. Die Bewegung sucht einen islamischen Lebensstil und die türkische Sprache durch ihr eigenes Bildungssystem zu verbreiten. Aufgrund der großen Nähe zu einflussreichen, konservativ-islamischen Unternehmern hat sie offenbar nie unter Geldmangel gelitten. In den 1980er Jahren begann sie ihren Siegeszug, errichtete im Laufe der Zeit Hunderte Schulen, aber auch Universitäten, unterhielt eigene Entwicklungs-NGOs, besaß und besitzt noch immer Medien, Unternehmungen und Stiftungen. Nicht allein in der Türkei, sondern weltweit.

Diese Erfolgsgeschichte hätte sich kaum fortgesetzt ohne den späteren Schulterschluss der Gülen-Bewegung mit der AKP. Weltanschaulich stehen sich beide sehr nahe. Mangels einer ausreichenden Zahl an eigenen Kadern förderte Erdoğan den Aufstieg der Gülenisten im Staatsapparat zunächst. Er und seine Minister nahmen sie auf jede Auslandsreise mit und legten ein gutes Wort für sie ein. Mit dem Ergebnis, dass die Bewegung wirtschaftlich immer stärker und mächtiger wurde. Bis es, Ende der 2000er Jahre, zum Bruch mit der AKP kam. Nicht aus inhaltlichen Gründen, sondern infolge der knapper werdenden Ressourcen. Der Wirtschaftsboom hatte seinen Zenit überschritten. Erdoğan musste verstärkt seine eigene Klientel alimentieren, die wiederum mit den Gülen-Leuten um dieselben Jobs konkurrierte.

Sichtbar wurde der Machtkampf, als der von Gülenisten dominierte Justizapparat Korruptionsfälle aufgriff, bis hinauf zu Erdoğan selbst. Dessen Weg in den Autoritarismus wurde dadurch beschleunigt, denn er reagierte mit Zwangsmaßnahmen, entließ oder versetzte Tausende Richter und Staatsbeamte. Der Konflikt eskalierte endgültig mit dem gescheiterten Militärputsch im Juli 2016, für den Erdoğan die Gülenisten verantwortlich macht. Wahrscheinlich zu Unrecht, denn innerhalb der säkularen Militärführung genießen sie wenig Rückhalt. Doch das Feindbild «Gülenist» ist seither Staatsräson. Es ermöglicht ein rigoroses Vorgehen gegenüber Gegnern und Kritikern gleich welcher Couleur und lenkt ab von den völlig falschen Weichenstellungen Erdoğans in Syrien, gegenüber den Kurden und dem «Islamischen Staat».

Die Vergangenheit lebt fort

Die Kurdenfrage ist in der Türkei hochgradig emotional. Für die einflussreichen Nationalisten und Ultranationalisten gilt jeder Kompromiss mit den Kurden als Verrat. Atatürks Neugründung der Landes 1923, auf den Trümmern des Osmanischen Reiches, ging einher mit der Sakralisierung des Türkentums. Mit Hilfe des Militärs und des Erziehungssystems wurden die zahlreichen ethnischen Gruppen auf dem neuen Hoheitsgebiet, von den verschiedenen Balkan-Abkömmlingen bis hin zu den Kurden, auf die neue

Der Konflikt weitet sich aus

Nationalität eingeschworen. Die Türkei ist, allgemein wenig bekannt, ursprünglich ein Vielvölkerstaat. Die Zentralmacht in Ankara und das Türkentum wurden zu den beiden Säulen der neuen Zeit: Sei stolz ein Türke zu sein, lautet ein bekannter Sinnspruch Kemal Atatürks. Nur noch diese eine Identität zählte, der sich alle anderen regionalen Sitten, Gebräuche, Traditionen und Zugehörigkeiten unterzuordnen hatten.

Die Kurden als stärkste Minderheit sahen sich besonderer Verfolgung ausgesetzt. Offiziell wurden sie «Bergtürken» genannt. Bis in die 1990er Jahre war es ihnen verboten, in der Öffentlichkeit kurdisch zu sprechen. Aus Sicht der Nationalisten, ob religiös oder kemalistisch gefärbt, ist jedes Zugeständnis an die Kurden ein Angriff auf die eigene Geschichte und der Anfang vom Ende der Türkei. Selbst eine begrenzte Autonomie ist für sie gleichbedeutend mit Staatszerfall. Aus ähnlichen Gründen tut sich die türkische Öffentlichkeit auch so schwer, den Völkermord an den Armeniern im Ersten Weltkrieg anzuerkennen. Der lag zwar vor der Staatsgründung, aber zahlreiche führende Politiker und Militärs der neuen Türkei waren daran beteiligt. Warum die Erinnerung an diese Helden besudeln?

Im Nordirak gibt es de facto einen kurdischen Staat, geprägt von feudalen Machtverhältnissen. Mit den dortigen Stammesführern unterhält Ankara enge politische und wirtschaftliche Beziehungen. Aus Gründen der Machtkonsolidierung hat Erdoğan im Sommer 2015 den Kurden im eigenen Land wiederum den Krieg erklärt. Nichts deutet darauf hin, dass er diesen Kurs zu ändern beabsichtigt. Er selbst spricht vom «Kampf bis zum Sieg». Einen militärischen Sieg aber kann es nicht geben, jedenfalls hat ihn die türkische Armee seit 1984 nicht errungen. Es liegt auf der Hand, was als Nächstes folgt: radikale Kurden tragen den

Krieg im Südosten in die türkischen Städte im Westen, in Form von Terroranschlägen.

Bleibt Syrien, wo die Kurden in drei Enklaven entlang der türkischen Grenze leben. Auch in Syrien galt die kurdische Minderheit stets als Sicherheitsrisiko, sie wurde entrechtet und verfolgt. Die Kurden besaßen mehrheitlich nicht einmal die syrische Staatsangehörigkeit. Die erhielten sie erst nach Kriegsbeginn 2011 – eine «Charmeoffensive» des Assad-Regimes. Gleichzeitig zogen sich dessen Truppen weitgehend aus den Grenzgebieten zur Türkei zurück. Wohl wissend, dass Ankara damit früher oder später in den Syrienkrieg hineingezogen würde. Denn das Machtvakuum nach dem Abzug füllten umgehend die kurdische PYD («Partei der Demokratischen Union») und ihre Miliz YDP («Volksverteidigungskräfte»). Beide sind eng mit der PKK liiert und somit, aus türkischer Sicht, Todfeinde. Das strategische Ziel der Kurden im Norden Syriens besteht darin, ihre drei Enklaven territorial zusammenzuschließen und einen eigenen Staat, Rojava, entlang der türkischen Grenze zu etablieren. Deren «sozialrevolutionäre» Ausrichtung erklärt, warum sie bei den feudalistischen Stammesvertretern der Kurden im Nordirak nicht gut gelitten sind.

Rojava darf nicht sein

Fast zwangsläufig wurden die Kurden Nordsyriens zu Kriegsgegnern des «Islamischen Staates» – das Territorium von Rojava und dessen Kalifat überschneiden sich teilweise. Außerdem sind sie militärisch ernstzunehmende Gegner der Dschihadisten. Ankara ging den bereits angesprochenen faustischen Pakt mit dem IS ein: Der erhielt Waffen und Geld aus der Türkei, die sich gleichzeitig blind stellte gegenüber dem regen Reiseverkehr ausländischer

Der Konflikt weitet sich aus

Kämpfer in Richtung Kalifat, über türkisches Gebiet. Der IS unterhielt sogar eigene Rekrutierungsbüros und Anlaufstellen in Istanbul, Gaziantep oder Iskenderun. Im Gegenzug bekämpfte er die Kurden, am sichtbarsten 2014 in der monatelangen Schlacht um die Grenzstadt Kobane. Mit dieser Politik erregte Ankara – man könnte auch sagen Erdoğan, denn er allein bestimmt die Richtlinien türkischer Politik – das Missfallen Washingtons. Für das Pentagon und die CIA sind die Kurden wichtige Verbündete im Kampf gegen den «Islamischen Staat», in Syrien ebenso wie im Irak. In den Kurdengebieten Nordsyriens unterhalten die USA zwei Luftwaffenstützpunkte. Die militärische Zusammenarbeit folgt einem schlichten, aber effizienten Modell: Die Amerikaner, teilweise ihre Verbündeten bombardieren Stellungen des IS, anschließend rücken die Kurden mit Bodentruppen vor.

Offiziell hielt die türkische Regierung stets an ihrer Behauptung fest, sie bekämpfe sowohl den IS wie auch die PKK und ihre syrischen Verbündeten. In Wirklichkeit aber hat sie fast ausschließlich kurdische Stellungen angegriffen. Bis Washington Ankara ultimativ aufgefordert haben muss, die Zusammenarbeit mit dem IS zu beenden oder wenigstens einzuschränken. Das könnte erklären, warum der «Islamische Staat» die Türkei seit 2015 massiv mit Terroranschlägen überzieht, in Istanbul und Ankara ebenso wie in den türkischen Grenzgebieten. Offenbar die Quittung für einen Kurswechsel.

Die Paradoxie der Stellvertreterkriege, die in Syrien geführt werden, zeigte sich erneut im August 2016. Im Rahmen der «Operation Euphrat» rückten erstmals türkische Panzer auf syrisches Gebiet vor. Sie sollten verhindern, dass den Kurden die territoriale Vereinigung ihrer drei Enklaven gelingt: Rojava darf nicht sein. Sowohl Ankara wie auch die Kurden sind aber Verbündete Washingtons im Kampf gegen den IS. Doch die Verbündeten bekämpfen sich gegenseitig. Vizepräsident Joe Biden sah sich veranlasst, nach Ankara zu reisen und der für Washington ungleich wichtigeren Türkei grünes Licht für ihr Vorgehen in Nordsyrien zu geben. Die Kurden stehen vor dem Dilemma, auf die Unterstützung der USA angewiesen zu sein, zugleich aber Gefahr zu laufen, als «nützliche Idioten» zu enden.

Ritter an die Front

Es liegt nicht im Interesse Washingtons, den «kurdischen Faktor» beim Kampf der vielen Milizen um Macht und Beute übermäßig zu betonen. Das Pentagon rief daher 2015 eine neue Truppe ins Leben, die «Syrischen Demokratischen Kräfte», SDF. Im Wesentlichen handelt es sich dabei um kurdische Kämpfer der «Volksverteidigungskräfte», ergänzt um einige Alibi-Araber der «Freien Syrischen Armee». Laut Bericht der «Los Angeles Times» vom 27. März 2016 haben die Kämpfer der SDF, des Pentagon also, im Februar an Frontabschnitten unweit der türkischen Grenze gleich zwei Siege über «Die Ritter der Wahrheit», Fursan al-Haq, errungen. Zur Wahrheit gehört leider auch, dass diese Ritter von der CIA finanziert werden, was auf noch zu erzielende Synergie-Effekte auf Seiten der US-Behörden schließen lässt.

Die Türkei hat sich mithin auf einen Weg begeben, der mit dem Begriff «Abwärtsspirale» zurückhaltend beschrieben ist. Die Folgewirkungen des Krieges in und um Syrien sind für den nördlichen Nachbarn ungleich größer als für die Golfstaaten, die ebenfalls den Sturz Assads betreiben. Die meisten syrischen Flüchtlinge außerhalb Syriens, rund drei Millionen, leben in der Türkei. Noch mehr, mindestens fünf Millionen, sind Binnenflüchtlinge, die aus «oppositio-

Der Konflikt weitet sich aus

nellen» Gebieten in jene des Assad-Regimes geflohen sind, vor allem entlang der Mittelmeerküste. Darüber ist in westlichen Medien so gut wie nichts zu vernehmen – es passt nicht ins Bild des «Schlächters».

Der Krieg Ankaras gegen die Kurden im eigenen Land und in Nordsyrien hat neue Fronten geschaffen, die jederzeit gefährlich eskalieren oder unkalkulierbare Wendungen nehmen können. Die Allianz mit dem «Islamischen Staat» ist der Türkei auf die Füße gefallen – Terroranschläge drohen dort endemisch zu werden. Die Folgen sind wirtschaftliche Einbrüche, die eine dauerhafte Rezession zur Folge haben können. Damit verlöre Erdoğan einen erheblichen Teil seiner Legitimität, die auf Wachstum und Wohlstand beruht. Das innenpolitische Klima würde angeheizt, es drohen soziale Verteilungskämpfe und erhebliche Spannungen entlang der gesellschaftlichen Bruchlinien. Erdoğan hat keine fünf Jahre gebraucht, die Türkei politisch gegen die Wand zu fahren – begleitet von der begeisterten Zustimmung seiner Anhänger, die in ihm ungebrochen ihren Hoffnungsträger sehen, gar eine Jahrhundertgestalt.

Doch mit Assad reden?

Washington lässt Erdoğan gewähren, ungeachtet des von ihm eingeschlagenen Weges in Richtung Diktatur, weil er als Bündnispartner gebraucht wird. Allein beim Umgang mit dem «Islamischen Staat» musste er den türkischen Kurs korrigieren. Erdoğan ist sich seiner Bedeutung natürlich bewusst. Auch deswegen interessiert ihn die halbherzige Kritik Brüssels oder Berlins an seiner Amtsführung nicht.

Anders als die USA, die sich mit ihren dschihadistischen Hilfstruppen in Syrien unheilvoll verstrickt haben und auch im Kräftefeld zwischen Ankara und den Kurden die Ba-

Der Konflikt weitet sich aus

lance zu verlieren drohen, steuern Russland und der Iran einen klaren Kurs. Sie werden alles tun, Assad an der Macht zu halten. Im Gegensatz zu ihren Widersachern haben sie die innenpolitischen Gegebenheiten in Syrien realistisch eingeschätzt, laufen sie nicht Gefahr, sich zu «verzetteln». Moskau und Teheran unterstützen ein Regime, dem es an Skrupellosigkeit nicht fehlt, das aber dennoch von rund der Hälfte der Bevölkerung nach wie vor unterstützt wird. Welches Interesse auch sollte etwa ein syrischer Christ haben, sich von radikalen Islamisten köpfen zu lassen?

Die Alternative zu Assad lautet nicht «Zivilgesellschaft», sondern Machtübernahme der Dschihadisten. Das wollen nicht einmal die USA, obwohl sie diese Brut genährt haben. Der Krieg wird folglich auf kleiner und mittlerer Flamme weiterlaufen, immer wieder eskalieren, gefährlich aufkochen. Es wird nicht fehlen an diplomatischen Initiativen, die hier einen Waffenstillstand vermelden, dort weitere Maßnahmen verkünden. Auch so lassen sich eigene Interessen wahren. Nichts bewegt sich wirklich, das aber mit Nachdruck. Allmählich mehren sich auch im Westen die Stimmen, die dafür eintreten, sich mit Assad zu arrangieren und nicht länger auf seinem Rücktritt zu bestehen. «Assad war niemals unser Feind», erklärte etwa Chuck Hagel im Januar 2016, US-Verteidigungsminister von 2013 bis 2015. Bundeskanzlerin Merkel empfahl schon im Sommer 2015, mit allen Beteiligten zu reden, «auch mit Assad».

Nichts erscheint unmöglich in dieser tragischen Posse. Für Kurswechsel gut ist nicht zuletzt Ankara. Ministerpräsident Binali Yıldırım erklärte im August 2016 überraschend, die Türkei bestehe nicht länger auf dem sofortigen Rücktritt Assads. Er könne durchaus Teil einer «Übergangslösung» sein. Der Hintergrund: Nach dem Abschuss eines russischen Kampfjets angeblich über türkischem Gebiet im November 2015 hatte Moskau die politischen Beziehungen zu

Der Konflikt weitet sich aus

Ankara eingefroren, den Import türkischer Agrarprodukte und russische Charterflüge in die Türkei untersagt. Damit wurde die türkische Wirtschaft, vor allem die Tourismus-Industrie, empfindlich getroffen. Nach dem gescheiterten Juli-Putsch reiste Erdoğan im September 2016 nach Sankt Petersburg, um eine Normalisierung der beiderseitigen Beziehungen einzuleiten. Da er der Juniorpartner im Verhältnis zu Russland ist, musste er wohl oder übel akzeptieren, dass Moskau eine türkische «Neubewertung» Assads verlangte. Dieser Forderung hat Ankara entsprochen – mehr noch, die türkische Politik ist vollständig eingeschwenkt auf die Linie Russlands und Irans, wie auf der von Moskau ausgerichteten Syrien-Konferenz im kasachischen Astana ersichtlich wurde, im Januar 2017.

Eine Wende zum Besseren bedeutet diese Entwicklung für Syrien nicht notwendigerweise. Angeblich erwägt die türkische Regierung, syrische Kriegsflüchtlinge, in der Mehrheit arabische Sunniten, in den Kurdengebieten Nordsyriens anzusiedeln: Teile und herrsche. Das erklärt auch, warum sie immer wieder eine Flugverbotszone für Nordsyrien fordert – nicht aus humanitären Gründen, sondern um die Einrichtung einer Pufferzone unter Kontrolle Ankaras besser vorantreiben zu können.

Die Rolle Saudi-Arabiens

Auch Saudi-Arabien und die Golfstaaten begreifen allmählich, dass sie den Stellvertreterkrieg gegen den Iran in Syrien zu verlieren drohen. Für diese Gegnerschaft spielen vor allem bei den Saudis jenseits aller Machtpolitik auch weltanschauliche Gründe eine Rolle. Der saudische Staatsislam ist aus einer erzkonservativen, theokratischen Strömung hervorgegangen, dem Wahhabismus. Ihr Begründer war der Erweckungsprediger Mohammed Ibn Abd al-Wahhab (1703/04–1792), der in Anlehnung an den mittelalterlichen Theologen Ibn Taimiya die Einheit von Staat und Religion forderte sowie die strikte Einhaltung der Grundlagen islamischen Glaubens, wie er sie verstand.

Noch zu dessen Lebzeiten gingen die Anhänger Abd al-Wahhabs ein Bündnis mit dem Stamm der Al-Saud ein, zu beiderseitigem Nutzen. Die Wahhabiten hatten nunmehr Rückhalt durch eine starke Stammesdynastie gefunden, umgekehrt konnten die Al-Saud ihren eigenen Machtanspruch, die Unterwerfung anderer Stämme, religiös legitimieren. Bis heute ist der Wahhabismus das Rückgrat der saudischen Dynastie, weswegen beispielsweise Frauen in Saudi-Arabien nicht Auto fahren dürfen. Ohne die Allianz mit den Al-Saud, nach denen das 1932 entstandene Königreich benannt ist, wäre diese frühe Variante des islamischen Fundamentalismus eine unbedeutende und kurzlebige, sektiererische Bewegung geblieben, eine Fußnote der Geschichte. Dank des saudischen Erdölreichtums sollte der Wahhabismus jedoch bis in die hintersten Winkel der islamischen Welt vordringen, Reformbewegungen unterdrücken und dem Dschihadismus als ideologische Folie dienen. Ein zentraler Grundsatz der Glaubenslehre Abd al-Wahhabs besteht im *takfir*, wörtlich: Jemanden für ungläubig erklären. Wer den religiösen Puritanismus des Wahhabismus oder den allumfassenden Machtanspruch des Herrschers infrage stellt, gilt als Apostat und hat sein Recht auf Leben verwirkt.

Der innerislamische Hauptfeind des Wahhabismus wie allgemein sunnitischer Extremisten sind die als Inbegriff von Häresie verschrieenen Schiiten. Dementsprechend waren die Beziehungen Saudi-Arabiens zum schiitischen Iran immer angespannt, verstärkt nach der Machtübernahme Khomeinis 1979, dessen revolutionäre Aura die Al-Saud als Bedrohung empfanden. Folglich unterstützte das saudische

Der Konflikt weitet sich aus

Herrscherhaus in den 1980er Jahren Saddam Hussein im irakisch-iranischen Krieg und vertiefte sein Bündnis mit den USA. In Syrien ziehen Saudis und Katarer erneut gegen den Iran zu Felde, insoweit mit den übrigen Assad-Gegnern einig. Die harte, anti-russische Linie des Westens dagegen tragen die Golfaraber nicht mit – Moskau gegenüber verhalten sie sich pragmatisch.

Doch es läuft nicht gut für Riad. Vom Sturz Saddam Husseins 2003 profitierte in erster Linie der Iran, da nunmehr die irakischen Schiiten die Macht in Bagdad übernahmen. Ein Sturz Assads liegt in weiter Ferne. Das zwischen dem Westen und dem Iran 2015 geschlossene Atomabkommen, das theoretisch die Sanktionen gegen das Land beenden soll (in der Praxis werden sie vielfach fortgesetzt, vor allem im Bankensektor), wertet Teheran zusätzlich auf, zum gefühlten Nachteil Saudi-Arabiens und Israels. Um den saudischen Verbündeten bei Laune zu halten, gab Washington ihm grünes Licht, einen weiteren, ebenso zerstörerischen wie sinnlosen Stellvertreterkrieg zu führen, dieses Mal im Jemen.

Der Krieg im Jemen und die Folgen

Dort war es im Zuge der arabischen Revolte 2011 zu Massenprotesten gegen den jahrzehntelangen Machthaber Ali Abdallah Salih gekommen, der im Jahr darauf tatsächlich zurücktrat. Es folgten Machtkämpfe und Anarchie, bis die Houthi-Rebellen 2014 in die Hauptstadt Sanaa einmarschierten und weiter bis in den Südjemen vorrückten. Der Vormarsch begann in ihrer nordjemenitischen Heimatregion Saadah, die an Saudi-Arabien grenzt. Ursprünglich hatte die Volksgruppe der Houthis ein Ende ihrer sozialen Benachteiligung und mehr politische Mitsprache verlangt.

Der Konflikt weitet sich aus

Salih, selbst ein Houthi, reagierte, indem er die Rebellen bekämpfen und bombardieren ließ. Die Houthis gehören zur religiösen Minderheit der Zaiditen, die es nur im Jemen gibt. Die Zaiditen gelten als Schiiten, stehen in ihrer Religionsausübung aber den Sunniten näher.

Der Aufstand der Houthis hatte nichts mit dem Iran und der Hisbollah zu tun und wurde auch nicht von ihnen gesteuert, wie Riad nach dem Einmarsch der Houthis in Sanaa behauptete. Saudi-Arabiens neuer König, der 80-jährige Salman, der im Januar 2015 die Nachfolge des verstorbenen Abdallah antrat, hielt es dennoch für angeraten, der vermeintlichen «iranischen Aggression» im Jemen militärisch zu begegnen. Diese Irrationalität verdankt sich wesentlich den anti-schiitischen Reflexen des Wahhabismus. Aber auch einer Art «kulturellem Minderwertigkeitskomplex» gegenüber dem Iran mit seiner jahrtausendealten Kulturgeschichte, der die Beduinen der Arabischen Halbinsel nichts Vergleichbares entgegenzusetzen haben.

Die Kriegsführung im Jemen überließ König Salman seinem Lieblingssohn und potentiellen Nachfolger, dem 30-jährigen Kronprinzen und Verteidigungsminister Mohammed. Aus dem innerjemenitischen Machtkampf wurde somit ein weiterer Stellvertreterkrieg. Für Teheran ist der Jemen allerdings nur von untergeordneter Bedeutung. Bislang jedenfalls gibt es jenseits saudischer Behauptungen keine Beweise für iranische Waffenlieferungen an die Houthis. Wie sollten sie auch in den Jemen gelangen angesichts der saudischen See- und Luftblockade?

Nüchtern besehen also ein Waffengang gegen ein Phantom: die vor Ort faktisch nicht präsenten Schiiten. Für den Jemen hatte dies fatale Folgen, denn die saudische Luftwaffe bombardiert unterschiedslos militärische und zivile Ziele, zerstört die einzigartige Lehmhaus-Architektur der Städte ebenso wie die Infrastruktur. Mehr als 10 000 Tote

Der Konflikt weitet sich aus

hat der Krieg, der im Westen kaum zur Kenntnis genommen wird, bis Ende 2016 gekostet und eine humanitäre Katastrophe vergleichbar der in Syrien ausgelöst. Laut UNICEF-Report vom Mai 2016 sind 21 Millionen Jemeniten, 90 Prozent der Bevölkerung, auf «humanitäre Unterstützung» angewiesen, 14 Millionen leiden unter Mangelernährung. Die USA und Großbritannien haben derweil ihre Militärhilfe für Saudi-Arabien drastisch erhöht, offiziell, um den Vormarsch von Al-Qaida im Südjemen aufzuhalten. Washington hat den Jemenkrieg offenkundig an London delegiert. Britische Offiziere sitzen in der Leitzentrale der saudischen Luftwaffe und koordinieren mit den Saudis die Angriffe im Jemen, mit Hilfe amerikanischer Aufklärung. In kürzester Zeit rückte Großbritannien zum zweitgrößten Waffenlieferanten Riads auf, nach den USA. Die Rüstungsexporte Londons sind 2015 innerhalb von nur drei Monaten um 11 000 Prozent gestiegen, von neun Millionen Pfund auf eine Milliarde.[63] Saudi-Arabien ist weltweit der zweitgrößte Importeur von Kriegsgerät nach Indien und vor China. Das saudische Militärbudget hat sich innerhalb von zehn Jahren fast verdoppelt und betrug 2013 laut SIPRI 67 Milliarden Dollar.

Die Kriegsführung Saudi-Arabiens nimmt bewusst und vorsätzlich nichtmilitärische Ziele im Jemen ins Visier, was ohne Wissen und Billigung der USA und Großbritanniens kaum möglich wäre. Einer von drei Luftangriffen richtet sich gegen zivile Infrastruktur, darunter Schulen und Krankenhäuser.[64] Genau das, was Russland und dem Assad-Regime in Syrien zum Vorwurf gemacht wird, gehört im Jemen zum Kriegsalltag, interessiert aber im Westen so gut wie niemanden. Denn dort, im Jemen, sind die Rollen von «gut» und «böse» anders verteilt. Systematisch haben saudische Bomber in allen 20 Provinzen des Landes alles, was mit Landwirtschaft, Lebensmittel- und Wasserversorgung zu tun hat, zu zerstören versucht, sogar einzelne Kühe oder

Ziegen beschossen, Märkte und Fahrzeuge, die Lebensmittel transportieren. Nur drei Prozent der Fläche Jemens sind für Landwirtschaft geeignet, so dass die Ziele bewusst ausgewählt werden müssen – um «Kollateralschäden» handelt es sich wohlweislich nicht.[65] Die Absicht liegt auf der Hand: eine Hungersnot zu provozieren. Deswegen blockiert die saudische Marine auch jemenitische Häfen, wurden die Flughäfen geschlossen. Der Jemen soll von ausländischer Lebensmittelhilfe abhängig werden. Deren Koordination übernimmt anschließend – genau, Saudi-Arabien.

Aller Voraussicht nach wird sich Riads Kriegsführung als Bumerang erweisen. Ohne Not haben die Saudis einen Konflikt heraufbeschworen, der fatale Folgen für die Stabilität der Golfstaaten insgesamt haben dürfte. Einen militärischen Sieg kann es angesichts der Gebirgslandschaften über die Guerilla-Kämpfer der Houthis nicht geben. Doch solange Riad keinen «Sieg» verkünden kann, wird der Krieg weitergehen. In Teheran wird man kopfschüttelnd zur Kenntnis nehmen, wie das saudische Königshaus nach Syrien einer weiteren absehbaren Niederlage entgegensieht. 250 Millionen Dollar lässt sich dieses den Krieg im Jemen Monat für Monat kosten.[66] Wie lange wird sich die saudische Rentier-Ökonomie einen solch zerstörerischen Luxus erlauben können, angesichts anhaltend niedriger Ölpreise? Der wichtigste regionale Verbündete Saudi-Arabiens im Jemenkrieg sind die Vereinigten Arabischen Emirate. Sie haben Panzerbrigaden und Hunderte Söldner in den Jemen entsandt, wobei die einfachen Kämpfer meist aus Armutsländern wie Bangladesch oder Pakistan stammen, die gehobenen Ränge aus Südamerika, vielfach Kolumbien. Nicht nur aus der Sicht von Friedensforschern das abschreckende Beispiel eines privatisierten Söldner-Krieges, der gleichzeitig eine klare Hierarchie unter Globalisierungsverlierern erkennen lässt.

Der Kampf um Aleppo: Das Regime festigt seine Macht

Im Verlauf des Jahres 2016 gelang Assads Armee, unterstützt von der russischen Luftwaffe und schiitischen Milizen aus dem Libanon, Irak und Iran, nach und nach die Rückeroberung der meisten strategisch wichtigen Landesteile. Die befinden sich, wie erwähnt, überwiegend diesseits der Nord-Süd-Verkehrsachse von der türkischen bis an die jordanische Grenze, einschließlich der Mittelmeerküste. Die Schlacht um Aleppo, die zweitgrößte Stadt Syriens und Wirtschaftsmetropole, markiert dabei einen Höhepunkt: Im Dezember 2016 gelang es den Regimekräften, den von Aufständischen kontrollierten Ostteil der Stadt nach monatelangen Kämpfen vollständig zurückzuerobern. Damit ist der Krieg zwar beileibe nicht beendet, doch für Washington war dieser symbolisch wichtige Sieg gleichbedeutend mit einer Niederlage. Das Projekt *regime change* hatte sich damit erkennbar erledigt. Zu allem Überfluss hatte die laut Präsident Obama «Regionalmacht Russland» Washington geopolitisch in die Schranken verwiesen.

Apocalypse Now

Da nicht sein kann, was nicht sein darf, suchten die USA und ihre Verbündeten den Preis für Assad und Putin so hoch wie möglich zu treiben. Kaum war der Kampf um Aleppo im August 2016 voll entbrannt, wies die Berichterstattung, von Ausnahmen abgesehen,[67] in nur eine Richtung: *Apocalypse Now*, unterfüttert von erschütternden Bildern. Darunter auch jenes eines apathischen kleinen Jungen, Omran, von dem bereits im Vorwort die Rede war. Das Gesicht blutverschmiert und eingestaubt, auf einem Stuhl sitzend. Eine Ikone.

Entsprechend empört zeigten sich westliche Politiker bis hinauf zum UN-Generalsekretär und betrieben klare Schuldzuweisung. In den Worten etwa von US-Außenminister John Kerry: «Russland und die syrische Führung haben in Aleppo offenbar die Diplomatie aufgegeben, um einen Sieg über zerfetzte Körper, ausgebombte Krankenhäuser und traumatisierte Kinder hinweg zu erreichen.» Es dauerte nicht lange, bis Forderungen nach weiteren Sanktionen gegenüber Russland und Syrien erhoben wurden.

Was aber ist in Aleppo genau geschehen, jenseits des unbestreitbaren Leids der Zivilbevölkerung? Aleppo war seit 2012 zweigeteilt. Der Westteil blieb unter Kontrolle des Assad-Regimes, während der Ostteil von dschihadistischen Milizen erobert worden war. Im Zuge dieser und nachfolgender Kampfhandlungen wurden weite Teile der Stadt zerstört, darunter die zum Weltkulturerbe der UNESCO zählende Altstadt. Dennoch ging das Leben im Westteil mit seinen rund 800 000 verbliebenen Einwohnern mehr oder weniger «normal» weiter, unter erschwerten Bedingungen wie Wasser- oder Stromausfall. Und natürlich war der Krieg immer präsent, in den Monaten vor der August-Offensive vor allem in Form von Autobomben, Anschlägen oder den aus dem Ostteil abgefeuerten «Hellfire»-Raketen. Dabei handelt es sich um Boden-Boden-Raketen, die mit Schrott gefüllt werden und beim Einschlag in Tausende Einzelteile zerspringen – wer von ihnen getroffen wird, ist mindestens schwer verletzt. Diese Raketen funktionieren nach demselben Prinzip wie die Fassbomben, die das Regime aus Hubschraubern oder Flugzeugen auf Stellungen von Regimegegnern abwirft, ohne Rücksicht auf Verluste in der Zivilbevölkerung. Der Unterschied ist, dass die Fassbomben in der medialen Darstellung sehr präsent sind, weil sie die Unmenschlichkeit des Regimes dokumentieren. Die «Hellfire»-Raketen hingegen sind einer breiteren Öffentlichkeit unbekannt.

Die Angaben zur Einwohnerzahl im Ostteil Aleppos vor der Rückeroberung schwanken beträchtlich und reichen von einigen Zehntausend bis zu 300 000. Wer ein Interesse daran hatte, das Leid der Zivilbevölkerung zu unterstreichen, setzte die Zahl möglichst hoch an. Jedenfalls lebten die Bewohner Ost-Aleppos unter der Herrschaft von Dschihadisten, deren Gruppen teilweise Phantasienamen trugen wie «Aleppo-Eroberung» oder «Armee der Eroberer». Von Zeit zu Zeit formierten sie sich neu, unter anderer Bezeichnung. Teils aus Gründen der Tarnung, teils infolge von Rivalitäten. Militärisch und politisch tonangebend war die Nusra-Front, der syrische Ableger von Al-Qaida. Bei der Schlacht um Aleppo ging es im Kern um die Rückeroberung des Ostteils aus den Händen der Dschihadisten. Das war das erklärte Ziel der russischen und syrischen Angriffe. Auf diesen Zusammenhang hinzuweisen ist deswegen wichtig, weil in der medialen Darstellung im Westen der Eindruck entstand, die ganze Stadt erlebe ihren Untergang wie einst Dresden. Indem die Berichterstattung das gesamte Aleppo im Inferno versinken sah, obwohl im Westteil über Wochen hinweg kaum gekämpft wurde, ersetzte der Fokus «menschliche Tragödie» die politische Analyse. Andernfalls stünde für jeden denkenden Menschen die Frage im Raum: Wie kann es eigentlich sein, dass die USA mit Al-Qaida gemeinsame Sache machen und kein Leitartikler, kein Minister steht auf und sagt: Nicht mit uns, Freunde? Das *Apocalypse Now*-Szenario half, kritische Fragen zu vermeiden und das offizielle Narrativ, hier die «Guten», dort die «Bösen», aufrechtzuerhalten.

1000 Kämpfer bestimmen das Schicksal einer Stadt

Für die Bevölkerung im Ostteil stellte sich die Lage dramatisch dar. Russische und syrische Flugzeuge haben wochenlang Stellungen der Dschihadisten bombardiert, wobei Krankenhäuser und Schulen zerstört und Zivilisten in unbekannter Zahl, sicherlich Tausende, unter Trümmern verschüttet wurden. Flüchten konnten die Bewohner kaum, weil sie den Dschihadisten als lebende Schutzschilde dienten. Wer es trotzdem versuchte, riskierte erschossen zu werden. Gleichzeitig hatten Regimetruppen den Ostteil eingekesselt, um jeden Waffennachschub zu unterbinden. Dadurch gelangten aber auch kaum noch Lebensmittel dorthin.

Nur am Rande sei vermerkt, dass dieses Szenario im Ostteil Aleppos – Zivilisten sterben, während «Terroristen» gejagt werden – dem israelischen Vorgehen im Gazastreifen im Sommer 2014 sehr ähnlich ist. Der offiziellen israelischen Darstellung, man bedauere den Tod palästinensischer Zivilisten, hinter denen sich allerdings Hamas-Aktivisten verschanzt hätten, hat damals im Westen kaum jemand widersprochen. Im Falle Aleppos aber stehen Moskau und Damaskus lautstark am Pranger – so unterschiedlich lassen sich ganz ähnlich gelagerte Fälle beurteilen, je nach Interessenlage. Ein schönes Beispiel für die «Werteorientierung» in der Politik.

Der UN-Sondergesandte für Syrien, Staffan de Mistura, wandte sich Anfang Oktober 2016 mit einem dramatischen und für einen UN-Diplomaten höchst ungewöhnlichen Vorschlag an die Öffentlichkeit. Er warf den Nusra-Kämpfern vor, Ost-Aleppo in Geiselhaft genommen zu haben und forderte sie auf, die Stadt zu verlassen: «Es kann nicht sein, dass 1000 von euch über das Schicksal von 275 000 Zivilisten bestimmen.» Gleichzeitig ersuchte er Moskau und Damaskus, die Blockade des Ostteils zu beenden. Er werde selbst dorthin reisen und die Nusra-Kämpfer persönlich aus der Stadt geleiten.

Eine ebenso rührende wie hilflose Geste, nachdem ein weiteres Waffenstillstandsabkommen für Syrien, ausgehandelt zwischen Washington und Moskau, im September gescheitert war. Dieses Abkommen wäre sehr weitreichend gewesen, weil es beide Seiten verpflichtet hätte, beim Kampf gegen den «Islamischen Staat» künftig eng zu kooperieren, auch militärisch. Das Pentagon allerdings lehnte eine solche Zusammenarbeit strikt ab. Am 17. September griffen US-Kampfflugzeuge zum ersten Mal überhaupt eine syrische Militärbasis an, im Osten des Landes. Der Angriff erfolgte in mehreren Wellen und dauerte etwa vier Stunden. Am Ende waren 62 Soldaten tot und mehr als 100 verletzt. Nach offiziellen Angaben aus Washington handelte es sich dabei um ein «Versehen». Die Botschaft in Richtung Moskau und Damaskus hätte gleichwohl deutlicher kaum ausfallen können. Wenige Tage später wurde ein Hilfskonvoi der Vereinten Nationen und des Roten Halbmonds auf dem Weg nach Aleppo angegriffen, mehr als 20 Menschen starben. Moskau und Washington beschuldigten sich gegenseitig, für den Angriff verantwortlich zu sein.

Wie sehr Kriege medial inszeniert werden, zeigt der weitere Verlauf der Ereignisse. Im Oktober verlagerte sich die Berichterstattung von Aleppo in Richtung Mossul, in den Norden Iraks. Das Timing war kein Zufall und verdankte sich nicht zuletzt den US-Präsidentschaftswahlen. Eine Erfolgsgeschichte konnte es für die USA in Aleppo nicht mehr geben. Es war nur mehr eine Frage der Zeit, bis die syrische Armee den Osten der Stadt zurückerobern würde. Angeblich hatte sich der türkische Präsident Erdoğan mit seinem russischen Amtskollegen Putin darauf verständigt, den militärischen Nachschub für die Nusra-Front in Aleppo deutlich zu reduzieren. Im Gegenzug erhielt er seitens Russlands freie Hand, gegen die sowohl mit Moskau wie auch mit Washington verbündeten Kurden im Norden Syriens gewaltsam vorzugehen. Die Komplexität und Schnelllebigkeit der politischen und militärischen Allianzen erklärt, warum es ein baldiges Ende des Syrienkrieges nicht geben kann. Viel zu viele Interessen von viel zu vielen Akteuren stehen hier auf dem Spiel.

Ethnische Säuberung?

Im Dezember 2016 gelang der syrischen Armee und ihren Verbündeten die vollständige Rückeroberung von Ost-Aleppo. Um weiteres Blutvergießen zu vermeiden, erlaubte Damaskus Tausenden Dschihadisten und Regimegegnern, unbehelligt aus den umkämpften Stadtvierteln abzuziehen. Dennoch erstreckte sich die Evakuierung über mehrere Tage. Zum einen weigerten sich die «Rebellen» zunächst, die Belagerung zweier schiitischer Dörfer unweit Aleppos, die auf Seiten des Assad-Regimes stehen, zu beenden – obwohl dies Teil des Abzug-Deals gewesen war. Zum anderen beschossen die Assad-Gegner wiederholt Busse oder setzten sie in Brand, die für den Abtransport «der Kämpfer und ihrer Familien» gedacht waren, so die beinahe fürsorgliche Wortwahl von Nachrichtensprechern der BBC am 13. Dezember.

Ihrem Narrativ blieben westliche und deutsche Medien weitgehend treu. «Spiegel Online» etwa bezeichnete die Evakuierung der Assad-Gegner als «ethnische Säuberung». Das entspricht weder der Faktenlage noch der Logik. Der Abzug einiger tausend sunnitischer Extremisten aus einer überwiegend von Sunniten bewohnten Stadt kann per se keine «ethnische Säuberung» darstellen, ganz unabhängig von der politischen Einordnung. Hätte es diesen Abzug nicht gegeben, wären die Kämpfe fortgesetzt worden, hätte derselbe Autor vermutlich den Vorwurf des «Genozids» erhoben.

Dennoch zeigte der mediale Diskurs erste Risse. Dass nicht allein das Regime, sondern auch die «Rebellen» Dörfer belagern und auszuhungern versuchen, war vielen neu. Auch die Bilder brennender Busse verfehlten ihre Wirkung nicht. Selbst der Berliner «Tagesspiegel», gemeinhin eine feste Burg transatlantischer Werteorientierung, titelte am 8. Januar 2017: «Die Eroberung Aleppos ist auch eine Befreiung.» Der Kommentator gelangte zu der Einsicht: «Im syrischen Bürgerkrieg fällt es schwer, ... die Guten von den Bösen sauber zu trennen.» Weise Worte, wenngleich der Krieg in Syrien mitnichten allein ein Bürgerkrieg ist.

Unmittelbar nach der Rückeroberung haben die Medien ihr Interesse an Aleppo fast vollständig verloren. Ebenfalls von der Bildfläche verschwunden ist das «Aleppo Media Center» im Ostteil der Stadt, vom Westen finanziert und hochgelobt als Forum «unabhängiger Bürgerjournalisten». Auch von den «Weißhelmen» ist nichts mehr zu vernehmen, den zu Heroen stilisierten medizinischen Helfern in Ost-Aleppo, Träger des Alternativen Friedensnobelpreises 2016 und ebenfalls aus Europa sowie den USA gesponsert. Sie haben sich offenkundig mit den «Rebellen» evakuieren lassen. Um ihre Unabhängigkeit nicht zu verlieren?

Doch zurück zum Thema Mossul, seit Oktober 2016 der neue Schwerpunkt nahöstlicher Berichterstattung, in Nachfolge Aleppos. Warum Mossul? Die zweitgrößte Stadt Iraks und wird seit Sommer 2014 vom «Islamischen Staat» beherrscht. Auf Dauer kann der IS die Millionen-Metropole nicht halten, weil er sowohl in Syrien wie auch im Irak

Der Kampf um Aleppo

große Teile des von ihm ausgerufenen «Kalifats» an eine internationale Militär-Koalition unter Führung der USA verloren hat. Wenn es gelingt, Mossul vom IS zu befreien, wirkt sich das, im Gegensatz zur Aleppo-Episode, positiv auf das Image des Westens und das Geschichtsbild des scheidenden Präsidenten Obama aus.

Ein ernstzunehmendes Problem aber bleibt. Der Kampf um Mossul dürfte Monate dauern, und die Stadt muss Viertel um Viertel, Straße um Straße erobert werden. Mit anderen Worten: Es wird viele Tote geben, und am Ende könnte Mossul größtenteils zerstört sein. Die unterschiedliche Intonierung der Berichterstattung ist kaum zu übersehen. In Aleppo das Inferno, in Mossul der Freiheitskampf. Zwar geht es hier wie dort um Dschihadisten, aber die einen kooperieren mit den USA, zumindest indirekt, die anderen nicht. Zivilisten sterben in beiden Städten – in Aleppo dient ihr Tod der Anklage, in Mossul wird er «eingepreist» als notwendiges Übel. Entsprechend sehen wir jubelnde Menschen aus den vom IS befreiten Dörfern rund um Mossul, siegreich vorrückende irakische Soldaten, tanzende Christen, die in ihre Häuser zurückgekehrt sind.

In den ersten zwei bis drei Wochen der Offensive hat die «Koalition» fast 2500 Bomben, Raketen, Granaten und Fernlenkgeschosse in Richtung Mossul abgefeuert. Der Chef des Zentralkommandos der US-Streitkräfte (Centcom), General Joseph Votel, schätzt die Zahl der dabei getöteten IS-Kämpfer auf bis zu 900.[68] Zivile Opfer hat es offenbar keine gegeben, jedenfalls machte er dazu keine Angaben. In Wirklichkeit leiden erneut in erster Linie Zivilisten, wie in allen Kriegen. Genaue Zahlen liegen nicht vor, doch allein im Oktober 2016 sollen «hunderte Zivilisten» in Mossul ums Leben gekommen sein. Deutsche Reporter, die im November 2016 die Außenbezirke Mossuls aufgesucht haben, zitieren einen irakischen Arzt mit den Worten, in seinem Lazarett liege das Verhältnis zwischen verwundeten Zivilisten und Soldaten bei neun zu eins.[69] Laut Amnesty International sollen irakische Soldaten bei ihrem Vormarsch Ende Oktober 2016 sechs Zivilisten gefoltert und erschossen haben, weil sie angeblich Kontakte zum IS unterhielten.[70]

Die Logik des Tötens

Man könnte böswillig sagen: Was sind sechs Tote, angesichts von weit über einer Million Opfer im Irak und in Syrien seit 2003. Doch zeigt dieses Beispiel, wie wenig die westliche Einteilung der Kriegsparteien in «gut» und «böse» besagt. Alle Akteure haben Blut an ihren Händen, kaum einer nimmt Rücksicht auf zivile Opfer. Arabische Gesellschaften, die stark von Clan- und Stammesstrukturen geprägt sind, folgen ihrerseits häufig einem klaren Freund/Feind-Schema. Man ist entweder Blutsbruder – oder aber Todfeind, wobei sich die jeweilige Zuordnung jederzeit unvermittelt ändern kann. Entsprechend gibt es für die jeweiligen Milizen nur Sieg oder Niederlage – Kompromisse oder Humanität gegenüber der anderen Seite gelten als Zeichen von Schwäche. Aus Sicht des Assad-Regimes sind Gebiete, die von Aufständischen kontrolliert werden, Feindesland. Zwischen Kämpfern und Einwohnern wird vielfach kaum unterschieden. Jeder Tote ist ein potentieller Gegner weniger. Derselben Logik folgen aber auch alle anderen Kriegsparteien, so dass Massaker, unterlegt von Rachegelüsten, wie selbstverständlich in die Kriegsführung einfließen. Am sichtbarsten ist dies bei den Dschihadisten. Ihnen reicht es häufig nicht, ihre Opfer lediglich umzubringen, sie legen Wert auf Inszenierung. Deswegen köpfen sie Menschen vor laufender Kamera und stellen die Bilder anschließend ins Internet. Die grausame Tat soll Macht demonstrieren und

Der Kampf um Aleppo

den «Stamm» des Getöteten verhöhnen: die betreffende religiöse oder ethnische Gruppe oder auch, bei Ausländern, deren Heimatregierungen.

Um es noch einmal klar und deutlich zu sagen: Ja, das Assad-Regime ist verbrecherisch. Die Vorstellung aber, auf Seiten der «Rebellen», die außerhalb der kurdischen Gebiete fast ausschließlich aus Dschihadisten bestehen, wären Menschenfreunde am Werk, die nur töten, um sich gegen das Regime zu verteidigen, hat mit der Realität nichts zu tun. Jeder Syrien-Bericht etwa von Amnesty International oder Human Rights Watch straft solche Überzeugungen Lügen. Dass deutlich mehr Tote auf das Konto des Regimes gehen als auf jenes der «Rebellen», widerspricht dem nicht. Eine Gruppierung, die vielleicht nur 1000 und nicht etwa 10 000 Menschen umgebracht hat, ist deswegen nicht «humaner». Und wie würde eine aus Sicht des Westens «legitime» Kriegsführung Assads aussehen? Immerhin verteidigt sich sein Regime gegen eine internationale Allianz, die völkerrechtswidrig seinen Sturz betreibt. Wer Assad auf der Anklagebank sehen will, kann das glaubwürdig nur tun, wenn gleichzeitig auch Anklage gegen die Kriegstreiber von außen erhoben wird. Und wer Assad gestürzt sehen will, sollte für sich die Frage beantwortet haben, ob er etwa die Nusra-Front lieber an der Macht sähe. Moralische Empörung reicht nicht aus, um demokratische Verhältnisse herbeizuführen. Das Denken in Stammesstrukturen zu überwinden, braucht Zeit, sehr viel Zeit. Durch Dritte kann ein solcher «mentaler Aufbruch» nicht erzwungen werden.

Sobald es zum Endkampf um Mossul kommt, werden schiitische und kurdische Milizen auf die sunnitische Stadt vorrücken, auch die türkische Armee hält sich bereit. Der Sieg über den IS könnte sich als Pyrrhus-Sieg erweisen, denn um die künftige politische Ordnung und die Verteilung der Erdöleinkünfte im Norden Iraks dürfte ein Hauen und Stechen der verschiedenen ethnischen und religiösen Gruppen einsetzen. Die Menschenrechtsorganisation Human Rights Watch berichtete im November 2016, dass die Peschmerga, die nordirakische Kurdenmiliz, in gemischten Siedlungsgebieten von Kurden und Arabern in den Regierungsbezirken Kirkuk und Niniveh systematisch Araber vertrieben und deren Häuser zerstört haben. Ein Ende der Gewalt ist somit auch hier nicht in Sicht. Beide Kriegsschauplätze, Syrien und Irak, sind eng miteinander verbunden. Der «Islamische Staat» hat seine Wurzeln im Irak und nutzte den Staatszerfall in Syrien, um auch dort Fuß zu fassen. Beiderseits der Grenze herrscht Anarchie, Milizen haben in weiten Landesteilen die Kontrolle übernommen – auch das erschwert die Befriedung der Region.

Kriege wie die in Syrien oder im Irak enden nicht, sie klingen nicht aus, sie kennen kein Happy End. Sie transformieren sich, durchlaufen Metamorphosen, nehmen immer wieder eine neue Gestalt an. Den «Islamischen Staat» ein für alle Mal zu besiegen, hat übrigens in letzter Konsequenz niemand ein wirkliches Interesse. Er liefert den kleinsten gemeinsamen Nenner aller Interventionsmächte – ist er doch der Hauptfeind, nach außen hin. Das Alibi, um vor Ort Präsenz zu zeigen. Selbst Dänemark ließ es sich nicht nehmen, Raqqa zu bombardieren, die Hauptstadt des IS im Osten Syriens.

Was tun? Ein Ausblick

«Alles in dieser Welt schwitzt das Verbrechen aus: die Zeitung, die Mauern und das Gesicht des Menschen.»

Baudelaire

Die Geschichte Syriens seit der Kolonialzeit, verstärkt nach 1949, lässt wenig Spielraum für Interpretation. Ungeachtet aller Fehler, Versäumnisse und Verbrechen der syrischen Machthaber ist das Land seit Jahrzehnten ein Spielball der Geopolitik. Vieles von dem, was ich, der Autor dieses Buches, im Verlaufe der Recherche erfahren musste, hätte ich am liebsten gar nicht erst gewusst – weil auf einmal vermeintliche Gewissheiten oder längst verinnerlichte Überzeugungen auf dem Prüfstand stehen. Wie geht man damit um, wenn das, was zu den größten Errungenschaften unserer Zeit gehört, nämlich Freiheit und Demokratie, in der Geopolitik zu purem Zynismus verkommt? Wie lässt sich angesichts der hier vorgetragenen Faktenlage allen Ernstes behaupten, westliche Politik stehe für «Werte», im Gegensatz etwa zu russischer oder chinesischer? Diese und vergleichbare Fragen sind keine Gedankenspielerei, sie berühren die Grundfesten einer offenen Gesellschaft. Denn «eine Realpolitik, die nur die Wirklichkeit der Macht, nicht aber die Wirksamkeit von Werten anerkennt, mag in einem autoritären Staatswesen möglich sein. Eine Demokratie, die sich einer solchen Auffassung von Politik verschreibt, gerät in einen Widerspruch zu ihren normativen Grundlagen und

Was tun? Ein Ausblick

damit in eine schwere Legitimationskrise», hält der Historiker Heinrich August Winkler fest.[71]

Wie aber die «Wirksamkeit von Werten» anerkennen? Hieße das in letzter Konsequenz, militärische Interventionen als gerechtfertigt anzusehen, sofern sie nur höhere Werte bemühen, Menschenrechte etwa? Wer das bejaht, folgt der Logik amerikanischer Neokonservativer. Die Folgen sind im Nahen und Mittleren Osten hinlänglich zu besichtigen. Um sich glaubwürdig über «Werte» auszutauschen, bedürfte es zunächst einmal einer Begriffsklärung. Im Kontext von Geopolitik sind «Werte» wenig mehr als eine Chiffre, die der Eigenlegitimation militärischer Gewalt dient – zur Durchsetzung hegemonialer Macht. Ähnlich wie in kolonialen Zeiten das Wort von der «Zivilisation», an die heranzuführen es die Eingeborenen angeblich galt – um mit Hilfe dieser Umschreibung so unschöne Begriffe wie Ausbeutung oder Landraub zu vermeiden. Unabhängig davon haben unterschiedliche politische Systeme und Kulturen auch sehr unterschiedliche Vorstellungen über Werte. Auch patriarchales oder Stammesdenken kann, wie vielfach in der arabisch-islamischen Welt, als hohes Gut gelten – als Ausdruck von Solidarität und einer göttlich inspirierten Ordnung, die den Menschen Halt gibt. Was folgt daraus, aus der Perspektive moralischer Selbstgewissheit? Die Zwangsmissionierung? Nach welchen Kriterien ergreifen diejenigen, die sich allein den Menschenrechten verpflichtet glauben, wann und wo Partei? Warum in Syrien und nicht etwa im Jemen?

Wir leben in einer beunruhigend schnelllebigen Zeit, in der sich alle Sicherheiten als brüchig erweisen und nahezu täglich neue Herausforderungen erwachsen. Die Parteien und staatlichen Institutionen aber, ob in Berlin, Brüssel oder Washington, erwecken nicht den Eindruck, die Zeichen der Zeit erkannt zu haben. Vielfach versuchen sie mit den

«Rahmenerzählungen» von gestern die Probleme von heute und morgen zu lösen. Dafür stehen Formulierungen wie «Amerika wieder groß machen» oder «Wir müssen unsere Werte verteidigen». Auch jüngere *opinion leader* scheinen bisweilen dem Irrtum zu erliegen, der Macht des Faktischen wäre mit moralischer Emphase beizukommen. Ein erhellendes Beispiel in diesem Zusammenhang ist der Vorschlag der Grünen-Fraktionschefin Katrin Göring-Eckardt, die im Oktober 2014 empfahl, die Bundeswehr nach Syrien zu entsenden – mit dem Auftrag, dort sowohl gegen die Truppen Assads wie auch gegen den «Islamischen Staat» zu kämpfen.

Was also macht «Werte» aus? Die Frage ist nicht einfach zu beantworten, doch werden sie zum Alibi einer hegemonialen Politik, hören sie auf Werte zu sein. Und leider ist nicht alles, was wünschenswert wäre, immer auch machbar. Das gilt nicht zuletzt mit Blick auf Syrien. Assad muss weg: Leichter gesagt als getan. Und was ist mit den Folgen? Müssten die nicht einbezogen werden in eine an Werten orientierte Politik? Der Syrienkrieg hätte niemals ein solches Ausmaß angenommen ohne Einmischung von außen. Die Syrer wären in dem Fall heute wohl weder glücklich noch frei, vermutlich aber auch nicht unglücklicher als in ihrer jetzigen Lage – und vor allem wären sehr viel weniger von ihnen tot. Syrien durchlebt gegenwärtig, wie weite Teile der arabisch-islamischen Welt insgesamt, einen Dreißigjährigen Krieg. Am Ende, das noch lange nicht in Sicht ist, könnte durchaus ein Westfälischer Friede stehen. Kein Diktat, keine Einmischung von außen wird diese Entwicklung beschleunigen, im Gegenteil. Die Erneuerung von Gesellschaften kann nur aus ihnen selbst heraus erfolgen. Der Reflex, diesen Prozess beschleunigen zu wollen, ist menschlich, birgt aber unkalkulierbare Gefahren und kann ganze Regionen ins Chaos stürzen.

Was tun? Ein Ausblick

Zum ersten Mal in der Geschichte US-geführter Militärinterventionen werden europäische Staaten mit den Folgen ihres Tuns auf eigenem Boden konfrontiert: in Form vermehrter Terroranschläge und einer anhaltenden Flüchtlingsbewegung.[72] Nicht die Flüchtlinge sind für die Zunahme des Terrors verantwortlich, wie Demagogen behaupten, vielmehr sind Terror und Flucht die beiden Seiten derselben Medaille, die sichtbarsten Folgewirkungen einer gewaltsamen Interventionspolitik. Ohne die Fehler des Westens, namentlich der USA im Irak, wäre der «Islamische Staat» gar nicht erst entstanden. Parallel zu seinem Siegeszug im Nahen Osten fand er große emotionale Resonanz vor allem in den Banlieues von Frankreich und Belgien, den anonymen Vorstadt-Ghettos, Hochburgen der Kriminalität, deren Bewohner wenig Chancen auf sozialen Aufstieg haben. Die Motive europäischer IS-Terroristen, ideologisch beseelt, aber nicht notwendigerweise angeleitet von der IS-Führung, bewegen sich zwischen Identitätssuche, familiären Konflikten, politischen Motiven, Rache an einer Gesellschaft, der sie fremd geblieben sind. Die viel beschworene Radikalisierung durch das Internet oder dschihadistische Prediger folgt in den meisten Fällen erst im zweiten Schritt oder gar nicht. «Der Islam» ist eher Mittel zum Zweck als Selbstzweck.[73]

Ungeachtet aller verschärften Sicherheitsvorkehrungen werden Terroranschläge in Europa tendenziell eher zu- als abnehmen. Der «Islamische Staat» und andere dschihadistische Gewalttäter sind nichts weniger als die Fratze, die uns ein Spiegelbild vorhält, die Quittung präsentiert für ein Jahrhundert imperialer Unterwerfung. Baschar al-Assad darf sicherlich als Schwerverbrecher gelten. Aber sind George W. Bush, Dick Cheney, Paul Wolfowitz, Tony Blair oder Nicolas Sarkozy, um eine beliebige Auswahl zu treffen, wirklich so viel besser? Wer andere Länder systema-

Was tun? Ein Ausblick

tisch und gezielt zerstört, der sollte sich nicht wundern, wenn eines Tages die Bomben auch im eigenen Vorgarten hochgehen. Auf diesen Zusammenhang hinzuweisen rechtfertigt keinen Terror, hilft aber ihn zu erklären.

Weitere Bewährungsproben kündigen sich an. Ägypten, mit rund 90 Millionen Einwohnern das bevölkerungsreichste arabische Land, bewegt sich am Rande des wirtschaftlichen Zusammenbruchs. Was, wenn auch nur jeder zehnte Ägypter auf die Idee käme, den Weg übers Mittelmeer zu nehmen? Oder bei weiteren Terroranschlägen Hunderte etwa in Deutschland sterben? In dem Fall werden die Regierungen Maßnahmen ergreifen, die härter ausfallen dürften, als eine Demokratie auf Dauer verkraften kann.

Eigentlich wäre es höchste Zeit, innezuhalten und sich neu zu sortieren. Eine Weltordnung zu begründen, die um Ausgleich und Kompromiss unter den jeweiligen Akteuren bemüht ist, einen Dialog auf Augenhöhe führt. Die vom Zenit abgleitende Weltmacht USA sucht genau diesen Ausgleich nicht. Sie ist bestrebt, eigene Interessen auf Kosten anderer durchzusetzen, notfalls mit Gewalt. Und nicht zuletzt mit Hilfe einer auch medial betriebenen Dämonisierung des gegenwärtigen Hauptgegners Russland. Die Machtpolitik Moskaus, Teherans oder Pekings ist im Zweifel jedoch nicht mehr und nicht weniger skrupellos als die des Westens. Sie in den Kategorien von «gut» und «böse» zu verorten, wobei «wir» natürlich zu den Guten rechnen, das grenzt an Volksverdummung.

Der Krieg in Syrien ist, wie ausgeführt, noch lange nicht vorbei. Perspektivisch dürfte er mit der Gewalt im Norden Iraks, dem Kampf um Macht und Ressourcen verschiedener Milizen und Glaubensgruppen, insbesondere um die Erdölvorkommen in der Region Mossul und Kirkuk, zunehmend verschmelzen. Den in Syrien geführten Stellvertreterkrieg zwischen Washington und Moskau haben die Amerikaner

Was tun? Ein Ausblick

und ihre Verbündeten mit der Rückeroberung Ost-Aleppos erst einmal verloren. Werden sie sich mit dieser Niederlage abfinden?

Die letzten Wochen der Amtszeit Obamas waren geprägt von schweren Anschuldigungen in Richtung Russland, die vordergründig nichts mit Syrien zu tun hatten. Der scheidende Präsident hatte die Geheimdienste angewiesen, die angeblichen russischen Hacker-Angriffe im Umfeld der amerikanischen Präsidentschaftswahlen vom November 2016 zu untersuchen. Aleppo verlangte offenbar nach einer harschen Gegenreaktion. Der zum Jahresbeginn 2017 vorgelegte Bericht der US-Geheimdienste enthält wenig Konkretes, stattdessen zahlreiche Formulierungen wie etwa «wir kommen zu dem Schluss», «wir sind überzeugt», «wir gehen davon aus». Die Kernaussage lautet: «Wir kommen zu dem Schluss, dass Putin 2016 eine Kampagne angeordnet hat, um die US-Präsidentenwahl zu beeinflussen.» Geheimdienstchef James Clapper, befragt vom Senat, musste einräumen: «Sie (die Russen, ML) haben nicht an der Stimmenauszählung herumgemacht. Wir können nicht im Geringsten einschätzen, welchen Einfluss sie auf die Entscheidungen der Wähler hatten.»

Auch ohne stichhaltige Beweise folgten die medialen Reflexe ein weiteres Mal denselben Mustern, wie sie schon im Fall Syriens hinlänglich zu beobachten waren. Anstatt kritisch nachzufragen, setzte die Mehrheit der Meinungsmacher die bloße Behauptung umgehend mit der Wahrheit gleich: «Der Befehl kam aus dem Kreml», titelte etwa «Zeit Online». Denselben Tonfall schlug auch «Spiegel Online» an: «Der russische Cyberangriff in den USA ist ein Skandal.» Wohlgemerkt: Es mag tatsächlich russische Hacker-Aktivitäten mit Wissen höchster Stellen gegeben haben. Aber Mutmaßungen sind keine Tatsachen. Im Übrigen vergleiche man die politisch-mediale Empörung über «den Kreml»

Was tun? Ein Ausblick

mit den doch eher gesitteten Reaktionen auf die Abhörpraktiken der NSA in Deutschland, einschließlich des Mobiltelefons der Bundeskanzlerin.

Auch die Denkfabriken standen erneut Gewehr bei Fuß, etwa die regierungsnahe Stiftung Wissenschaft und Politik in Berlin. Deren Russland-Expertin, Susan Stewart, sorgte sich vor allem um hiesige «Multiplikatoren – wie zum Beispiel Journalisten oder auch Politiker mit besonders russlandfreundlicher Einschätzung, die ungeprüft Inhalte weiterverbreiten.»[74] Was für ein Glück, möchte man ironisch anmerken, dass Journalisten oder auch Politiker mit besonders amerikafreundlicher Einschätzung gar nicht erst auf die Idee kämen, ungeprüft Inhalte weiterzuverbreiten.

Es braucht wenig, politische Feindbilder zu erzeugen oder am Leben zu erhalten. Was also tun? Eine mögliche Antwort könnte lauten, zunächst einmal die richtigen Fragen zu stellen. Offiziellen Verlautbarungen zu misstrauen und auch medialen Darstellungen nicht unkritisch zu folgen. Sie beleuchten bestenfalls die Spitze des Eisbergs. Syrien ist nur eine der zeitlosen Geschichten, die von Unrecht, Leid und menschlichen Abgründen handeln. Was spräche dagegen, der Logik aus Macht und Dominanz zu entsagen, uns anders zu denken, unter Einbeziehung all derer, die guten Willens sind? Vielleicht bedarf es tatsächlich einer grundlegenden Bewusstseinsänderung, der Einsicht, dass wir keine andere Wahl haben als unsere Zukunft selbst zu gestalten. Was wäre denn die Alternative? Sie denen zu überlassen, die überwiegend Klientelinteressen bedienen, angepasst oder schlichtweg überfordert sind?

In den Worten von Albert Camus, dessen «Mensch in der Revolte» die Wiederentdeckung lohnt: «Ich empöre mich, also sind wir.»

Anmerkungen

1. Vgl. «Der Mann, der den kleinen Omran fotografiert hat, gerät in den Fokus», sueddeutsche.de, 19. August 2016.
2. Vgl. etwa www.cfi.fr, die Homepage von Canal France International. Amerikanischer Hauptsponsor ist, so scheint es, die «Syrian Expatriates Organisation» (SEO) mit Sitz in Washington (www.syrian-expatriates.org), die seit 2012 jährlich Spenden in Höhe von 400 000–500 000 Dollar akquiriert. Aus welchen Quellen gibt sie nicht bekannt, darunter wahrscheinlich Regierungsorganisationen wie USAID. Lesenswert in dem Zusammenhang ist auch der Wikipedia-Eintrag über die «Syrian Civil Defense», bei uns besser bekannt als «Weißhelme». Die Organisation, die erhebliche Zuwendungen auch aus der EU bezieht, erhielt 2016 den Alternativen Friedensnobelpreis. Es ist nicht auszuschließen, dass die «Weißhelme», die eng mit dem «Aleppo Media Center» kooperieren, Teil einer Medienkampagne zur Imagepflege der «Rebellen» sind. Vgl. dazu: «Inside the Shadowy PR Firm That's Lobbying for Regime Change in Syria», in: www.alternet.org, 3. Oktober 2016.
3. Vgl. etwa William Blum: Killing Hope. US Military and CIA Interventions Since World War II, London 2014; John Prados: Safe for Democracy. The Secret Wars of the CIA, Chicago 2006; Tim Weiner: CIA. Die ganze Geschichte, Frankfurt/Main 2008; Noam Chomsky: How The World Works, London, New York 2011; Greg Grandin: Kissingers langer Schatten, München 2016.
4. Zit. nach Michael B. Oren: Power, Faith, and Fantasy. America in the Middle East 1776 to the Present, New York 2007, S. 484.
5. Vgl. dazu Michael Lüders: Wer den Wind sät. Was westliche Politik im Orient anrichtet, München 2015.
6. Vgl. dazu Blum, a. a. O.
7. Einen sehr lesenswerten historischen Überblick bietet Albert Hourani: Die Geschichte der arabischen Völker, Frankfurt/Main 1992.
8. Zit. nach Ernesto J. Sanchez: Washington's Long History in Syria, in: The National Interest, Internet-Ausgabe, abgerufen am 8. Februar 2016. Die übrigen Zitate nach Douglas Little: Cold War and

Anmerkungen

   Covert Action. The U.S. and Syria, 1945–1958, in: Middle East Journal, Winter 1990, S. 51–75. Und Hugh Wilford: America's Great Game. The CIA's Secret Arabists and the Shaping of the Modern Middle East, New York 2013, S. 100 ff.
9. Vgl. Wilford, a. a. O., S. 146 ff.
10. Nachzulesen unter www.foia.cia.gov.
11. Zit. nach Wilford, a. a. O., S. 214.
12. Ebenda, S. 245 f.
13. Harold Macmillan: Riding the Storm 1956–1959, London 1971, S. 278.
14. Zit. nach Wilford, a. a. O., S. 246.
15. Zu den Einzelheiten vgl. Little, a. a. O.
16. Zit. nach Wilford, a. a. O., S. 274.
17. Vgl. Matthew Jones: The ‹Preferred Plan›: The Anglo-American Working Group Report on Covert Action in Syria, 1957, in: Intelligence and National Security, 19 (Autumn 2004) 3, S. 401–415.
18. Zit. nach Weiner, a. a. O., S. 196.
19. Ebenda, S. 198.
20. Dazu ausführlich Lüders, a. a. O.
21. Vgl. etwa Al-Monitor, 1. September 2012: «Turkish daily exposes transfer of weapons to IS».
22. Vgl. zur Radikalisierung der Assad-Gegner Fabian Schmidmeier: Syrien: Wie konnte sich die Revolution radikalisieren?, in: www.derorient.com, 14. Dezember 2015.
23. Vgl. etwa: Media Desinformation and Coverup of Atrocities Committed by US Sponsored Syria Rebels, in: www.globalresearch.ca, 5. Juni 2014.
24. Vgl. etwa Charles Glass: The U.S. And Russia Ensure A Balance Of Terror In Syria, in: The Intercept, 29. Oktober 2016.
25. CNN Exclusive: Dozens of CIA operatives on the ground during Benghazi attack, 1. August 2013 (CNN-Abschrift eines TV-Beitrages).
26. www.judicialwatch.org. Dort eingestellte Dokumente sind nach Jahr und Monat geordnet. (14-L-0552/DIA/1 ff.).
27. Zit. nach The New York Times: The Libya Gamble, 27. Februar 2016.
28. Zit. nach A Judicial Watch Special Report: On the Anniversary of the Benghazi Attack of September 11, 2012, Washington, September 2013, S. 6.
29. Zit. nach The Guardian, 30. August 2013: «Syria intervention plan fueled by oil interests, not chemical weapon concern».
30. Vgl. Robert F. Kennedy, JR: Why the Arabs don't want us in Syria, www.politico.eu, 23. Februar 2016.

Anmerkungen

31. Zit. nach The Guardian, 30. August 2013, a. a. O.
32. Vgl. www.youtube.com/watch?v=f7NsXFnzJGw, abgerufen am 26. Oktober 2015.
33. Vgl. www.youtube.com/watch?v=9RC1Mepk_Sw, abgerufen am 26. Oktober 2015.
34. Seymour Hersh: «The Redirection», in: The New Yorker, 5. März 2007.
35. Vgl. etwa Andrew Cockburn: «Secret Bush ‹Finding› Widens War on Iran», in: Counterpunch, 2. Mai 2008.
36. Das ausführliche Syrien-Dossier von Wikileaks steht im Internet. Eine Zusammenfassung enthält The Wikileaks Files. The World According To US Empire, London, New York 2015, S. 297 ff., dem auch die Zitate entnommen sind. Zum Besuch Kerrys 2009 vgl. «Kerry stellt Kooperation der USA mit Syrien in Aussicht», Spiegel Online, 22. Februar 2009.
37. www.judicialwatch.org (14-L-0552/DIA/287 ff).
38. Die Hervorhebungen stammen vom Autor dieses Buches.
39. Hillary Clinton E-Mail Archive: www.wikileaks.org/clinton-emails/emailid/18328. In der E-Mail wird das Datum 31.12.2000 angegeben. Ob der Irrtum von Wikileaks zu verantworten ist oder sich einem «Zahlendreher» in Clintons E-Mail-Programm verdankt, ist unklar. Man beachte: «NEW Iran AND Syria». Schon die Überschrift ist Programm.
40. Zit. nach The Washington Post, 19. Januar 2016: «Israeli defense minister: If I had to choose between Iran and ISIS, I´d choose ISIS».
41. Haaretz, 31. Oktober 2014: «West making big mistake in fighting ISIS, says senior Israeli officer».
42. The Jerusalem Post, 17. September 2013.
43. Vgl. The Times of Israel, 29. Juni 2015: «Druze welcome support for Syria brethren, seek reassurances».
44. Vgl. The Times of Israel, 20. September 2016: «Druze MK accuses Liberman of backing al-Qaeda offshoot in Syria».
45. Eine positive Ausnahme ist die Multimedia-Reportage «Saving their sworn enemy», in: The Daily Mail, 8. Dezember 2015.
46. The Jerusalem Post, 27. April 2016: «Syrian army reportedly seizes Israeli-made weapons on their way to ISIS»
47. Auch «Syria Core Group» oder «London 11» genannt. Elf Staaten gehören der Gruppe an: Ägypten, Frankreich, Deutschland, Italien, Jordanien, Katar, Saudi-Arabien, Türkei, Vereinigte Arabische Emirate, Großbritannien und USA.
48. Vgl. etwa Spiegel Online, 29. Juni 2013: «Syrische Rebellen bekommen bessere Waffen».

Anmerkungen

49. «Qatar: Friends of Syria agree on ‹secret› measures to arm rebels», Al-Arabiya English, 22. Juni 2013.
50. Vgl. USA Today, 19. April 2016: «New rules allow more civilian casualties in air war against ISIL».
51. Zit. nach: «Pentagon Ignored Evidence Of Civilian Casualties in ISIS Strikes, Human Rights Group Says», in: The Intercept, 26. Oktober 2016.
52. Vgl. etwa Spiegel Online, 1. Dezember 2016: «US-Militär räumt Tötung von 54 Zivilisten ein».
53. www.gov.uk/government/news/london-11-meeting-on-syria.
54. «Das neue Syrien kommt aus Wilmersdorf», Die Zeit, 26. Juli 2012.
55. Zit. nach Aron Lund: «Syria's Opposition Conferences: Results and Expectations», Carnegie Endowment For International Peace, 11. Dezember 2015, S. 2.
56. Vgl. «U.S. and EU Sanctions Are Punishing Ordinary Syrians and Crippling Aid Work, U.N. Report Reveals», in: The Intercept, 28. September 2016. Darin ist auch der UN-Bericht im Wortlaut enthalten.
57. Ebenda.
58. Ebenda.
59. Ihr genauer Werdegang, ihre Ziele und Struktur sollen hier nicht erörtert werden. Vgl. dazu etwa Abdel Bari Atwan: Das digitale Kalifat. Die geheime Macht des Islamischen Staates, München 2016; Patrick Cockburn: The Rise of Islamic State: ISIS and the New Sunni Revolution, London, New York 2015; Lüders, a. a. O.
60. Vgl. etwa Spiegel Online, 17. Januar 2015: «Türkischer Geheimdienst soll Waffen an Al-Qaida geliefert haben».
61. Vgl. Jeffrey Goldberg, The Obama Doctrine, in: The Atlantic, April 2016, S. 11.
62. Vgl. Seymour Hersh: Military to Military, London Review of Books, 7. Januar 2016, S. 11.
63. Vgl. Ian Cobain: «Britain's secret wars», The Guardian, 8. September 2016.
64. Vgl. etwa The Guardian, 16. September 2016: «One in three Saudi air raids on Yemen hit civilian sites, data shows».
65. Vgl. etwa Robert Fisk: «Saudi Arabia ‹deliberately targeting impoverished Yemen's farm and agricultaral industry›», The Independent, 23. Oktober 2016. Vgl. auch: «U.S. Fingerprints on Attacks obliterating Yemen's economy», New York Times, 14. November 2016.
66. Vgl. Fisk, a. a. O.
67. Sehr lesenswert ist der Artikel von Robert Fisk, «What it's really like to be in the middle of the battle for Aleppo», The Indepen-

Anmerkungen

dent, 30. Oktober 2016. Darin widerspricht er ausdrücklich der westlichen Darstellung eines syrisch-russischen «Stahlgewitters» auf Aleppo. Nicht um die Lage zu beschönigen, sondern um sie als das darzustellen, was sie ist: ein schmutziger Krieg zwischen Dschihadisten und Regimesoldaten. Fisk verweist darauf, dass die dortigen Dschihadisten ihre Waffen vornehmlich aus der Türkei bezögen. Bemerkenswert auch der Artikel «Syrian Rebels Launch Offensive to Break Siege of Aleppo» in der New York Times vom 28. Oktober 2016. Normalerweise spiegelt die NYT in ihrer Syrien-Berichterstattung die Regierungslinie weitestgehend wider. In diesem Beitrag nun setzt sie sich ungewohnt kritisch mit der Bewaffnung syrischer Dschihadisten durch die CIA auseinander – obwohl diese eindeutig mit Al-Qaida liiert seien.

68. Vgl. Süddeutsche Zeitung, 29. Oktober 2016: «Irakische Armee: IS-Kämpfer fliehen mit Zivilisten als Schutzschilden».
69. Vgl. www.airways.org/tag/civilian-casualties, abgerufen am 10. Januar 2017, sowie «Unterwegs mit einer Eliteeinheit», Süddeutsche Zeitung, 29. November 2016.
70. Vgl. Amnesty International, 7. November 2016: «Iraq: ‹where are we supposed to go?› Destruction and forced displacement in Kirkuk».
71. Zit. nach Heinrich August Winkler: Zerreißproben. Deutschland und der Westen, München 2015, S. 179.
72. Die soll hier nicht weiter thematisiert werden. Vgl. dazu Patrick Kingsley: Die neue Odyssee. Eine Geschichte der europäischen Flüchtlingskrise, München 2016.
73. Vgl. dazu Lamya Kaddor: Zum Töten bereit. Warum deutsche Jugendliche in den Dschihad ziehen, München/Berlin 2015.
74. Zit. nach Deutschlandfunk, 5. Januar 2017: «Die Angst vor Russlands Hackern».

Hinweis:

Es wurden nur solche Zitate und Sachverhalte nachgewiesen, die der gängigen Sichtweise widersprechen und nicht ohne Weiteres im Internet zu finden sind.
Verlag und Autor weisen ausdrücklich darauf hin, dass die angegebenen externen Links nur bis zum Zeitpunkt der Buchveröffentlichung eingesehen werden konnten. Auf mögliche nachfolgende Änderungen haben Verlag und Autor keinen Einfluss. Eine Haftung für externe Links ist ausgeschlossen.

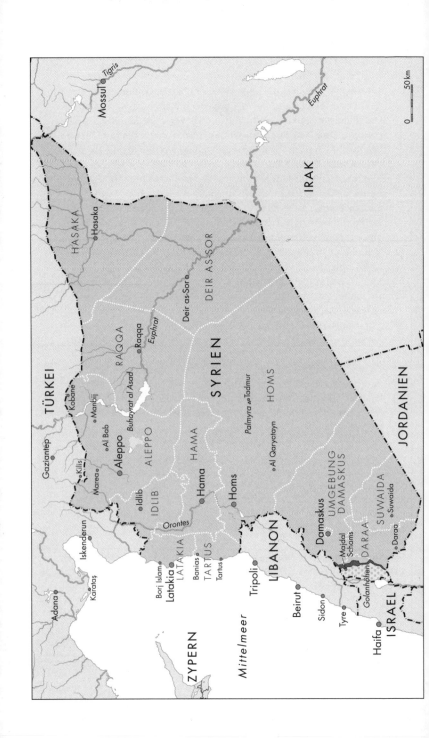